Selbstorganisation in der stationären Psychotherapie

Systemische Praxis

Band 5
Selbstorganisation in der stationären Psychotherapie
von Dr. Helmut Kronberger und PD Dr. Wolfgang Aichhorn

Herausgeber der Reihe:

Prof. Dr. Günter Schiepek, Prof. Dr. Wolfgang J. Eberling,
Dr. Heiko Eckert, Dr. Matthias Ochs, Prof. Dr. Christiane Schiersmann,
Dipl.-Psych. Rainer Schwing, Prof. Dr. Dr. Peter A. Tass

Selbstorganisation in der stationären Psychotherapie

Die Strukturierung therapeutischer Prozesse durch Begegnung

von
Helmut Kronberger
und Wolfgang Aichhorn

unter Mitarbeit von
Markus Hochbrugger, Bettina Klinger, Brigitte Kravanja,
H. Magdalena Müller und Susanne Neureiter-Penn

HOGREFE

GOTTINGEN · BERN · WIEN · PARIS · OXFORD · PRAG
TORONTO · BOSTON · AMSTERDAM · KOPENHAGEN
STOCKHOLM · FLORENZ · HELSINKI

Dr. phil. Helmut Kronberger, geb. 1954. 1973–1981 Studium der Psychologie in Salzburg. Klinischer- und Gesundheitspsychologe, Psychotherapeut für Psychodrama und Dynamische Gruppenpsychotherapie, Lehrtherapeut und Lehrsupervisor für Psychodrama im ÖAGG. 1988 Promotion. Seit 1991 Mitarbeiter im Universitätsinstitut für Klinische Psychologie und am Sonderauftrag für Stationäre Psychotherapie der Universitätsklinik für Psychiatrie und Psychotherapie, Christian-Doppler-Klinik, beide Paracelsus Medizinische Privatuniversität Salzburg.

PD Dr. med. Wolfgang Aichhorn, MBA, geb. 1964. 1983–1992 Studium der Medizin in Wien. 1992 Promotion. Facharzt für Psychiatrie und Psychotherapie, Psychotherapeut (Katathym Imaginative Psychotherapie), Lehrtherapeut der Salzburger Ärztekammer. 2006 Habilitation. Seit 2008 Leiter des Sonderauftrages für Stationäre Psychotherapie der Universitätsklinik für Psychiatrie und Psychotherapie, Christian-Doppler-Klinik, Paracelsus Medizinische Privatuniversität Salzburg.

Wichtiger Hinweis: Der Verlag hat gemeinsam mit den Autoren bzw. den Herausgebern große Mühe darauf verwandt, dass alle in diesem Buch enthaltenen Informationen (Programme, Verfahren, Mengen, Dosierungen, Applikationen etc.) entsprechend dem Wissensstand bei Fertigstellung des Werkes abgedruckt oder in digitaler Form wiedergegeben wurden. Trotz sorgfältiger Manuskriptherstellung und Korrektur des Satzes und der digitalen Produkte können Fehler nicht ganz ausgeschlossen werden. Autoren bzw. Herausgeber und Verlag übernehmen infolgedessen keine Verantwortung und keine daraus folgende oder sonstige Haftung, die auf irgendeine Art aus der Benutzung der in dem Werk enthaltenen Informationen oder Teilen davon entsteht. Geschützte Warennamen (Warenzeichen) werden nicht besonders kenntlich gemacht. Aus dem Fehlen eines solchen Hinweises kann also nicht geschlossen werden, dass es sich um einen freien Warennamen handelt.

Bibliografische Information der Deutschen Nationalbibliothek

Die Deutsche Nationalbibliothek verzeichnet diese Publikation in der Deutschen Nationalbibliografie; detaillierte bibliografische Daten sind im Internet über http://dnb.dnb.de abrufbar.

© 2015 Hogrefe Verlag GmbH & Co. KG
Göttingen · Bern · Wien · Paris · Oxford · Prag · Toronto · Boston
Amsterdam · Kopenhagen · Stockholm · Florenz · Helsinki
Merkelstraße 3, 37085 Göttingen

http://www.hogrefe.de
Aktuelle Informationen · Weitere Titel zum Thema · Ergänzende Materialien

Umschlaggestaltung: Daniel Kleimenhagen, Hildesheim
Satz: ARThür Grafik-Design & Kunst, Weimar
Druck: Media-Print Informationstechnologie GmbH, Paderborn
Printed in Germany
Auf säurefreiem Papier gedruckt

ISBN 978-3-8017-2556-3

Vorwort

Der vorliegende Band thematisiert einen systemischen Ansatz in der stationären Psychotherapie. Die Charakterisierung als „systemisch" und damit die Verortung in dieser Praxisreihe bezieht sich nicht nur darauf, dass in einem solchen Behandlungssetting auch interpersonelle Bezüge der Patienten bearbeitet werden (sei es symbolisch und durch konkrete Paar- und Familiengespräche), sondern dass die therapeutische Einrichtung als Ganzes ein soziales System mit vielfältigen Begegnungen und Interaktionen zwischen Therapeuten und Patienten, vor allem aber auch zwischen den Patienten darstellt. Dies wird in diesem Band anhand ebenso vielfältiger Beispiele und Fallgeschichten illustriert.

Darüber hinaus wird deutlich, dass in diesem Kontext Behandlungskonzepte verschiedener Schulrichtungen mit einer systemischen Metaperspektive vereinbar sind. So wird auf die Beziehungsarbeit des Psychodramas Bezug genommen, das sich für die Therapie in Gruppen und für ein Verständnis der Station als „Bühne" für die Inszenierungen individueller Psychodynamiken der Akteure gut eignet. Im Rahmen dieser Metaperspektive, der sich diese Buchreihe verpflichtet fühlt, beziehen wir uns auf das synergetische Prozessmanagement, wie in Band 1 dieser Reihe beschrieben (Schiepek et al., 2013a). Aus dieser Perspektive können die Vorgehensweisen unterschiedlicher Schulen und Ansätze dazu genutzt werden, Bedingungen für die Selbstorganisationsprozesse der Patienten zu schaffen. Ihre Funktion und Indikation erklärt sich aus den generischen Prinzipien. Die Theorie der Synergetik liefert den Rahmen für ein Verständnis von Veränderungsprozessen als Kaskade von Ordnungsübergängen bio-psycho-sozialer Muster, der mit den Modellvorstellungen unterschiedlicher Therapierichtungen kompatibel ist, wie am Beispiel des Psychodramas illustriert wird. Wir bewegen also uns auf unterschiedlichen Abstraktionsebenen der Modellierung, zwischen denen immer wieder gewechselt wird. Ein synergetisches Prozessmanagement braucht die Ebene konkreter Handlungs- und Vorgehensweisen der jeweiligen Therapierichtungen, mit denen die generischen Prinzipien umgesetzt werden, verortet sie aber in ein umfassendes theoretisch-empirisches Konzept (vgl. Abb. 14 in Schiepek et al., 2013a).

In einem Verständnis von Psychotherapie als Schaffen von Bedingungen für bio-psychosoziale Selbstorganisationsprozesse gibt es große Spielräume für die bestehenden Ansätze, die damit einen metatheoretischen Kontext sowie Entscheidungsregeln für die Prozessgestaltung erhalten – in Form der generischen Prinzipien. Hinzu kommt ganz entscheidend das Prozessmonitoring, also die „Abbildung" der Veränderungsprozesse und Ordnungsübergänge der Patienten mit Hilfe des Synergetischen Navigationssystems (SNS). Dieses Verfahren, das die Systemdynamik von Psychotherapie explizit ins Spiel bringt und in Echtzeit sichtbar macht, ist auf der Therapiestation der Autoren dieses Bandes seit 2007 im Einsatz. Es war die erste SNS-Anwendung in einer Klinik überhaupt. Entsprechend umfangreich ist die Erfahrung mit dem System, und entsprechend viele Therapien wurden mit dem dadurch möglichen Feedback begleitet und unterstützt. Bereits das in Band 1 beschriebene Fallbeispiel stammt von dieser Station, und mehrere weitere folgen in diesem Band, wobei vor allem auf das Verhältnis individueller Psychodynamik (mit Referenz auf Tiefenpsychologie und Prozessmonitoring in einem doppelten Wortsinn),

Kommunikationsdynamik auf der Station und die persönlichen Erfahrungen der Therapeuten und des Teams eingegangen wird.

Insofern dieses Prozessmonitoring mit den integrierten Möglichkeiten der Visualisierung und der Analyse nicht linearer Dynamiken, (In-)Stabilitäten und Ordnungsübergängen ein wesentliches Merkmal systemischer Praxis geworden ist, können existierende Therapieschulen, aber auch die stationäre Psychotherapie als setting-spezifischer Ansatz darin Platz finden. „Systemische Therapie ist in diesem Verständnis die Ermöglichung von Veränderungsprozessen von als defizitär oder dysfunktional beurteilten Zuständen eines Systems oder Netzwerks von Systemen mit Methoden, die ihre Verortung im Theoriespektrum komplexer, dynamischer und nicht linearer Systeme haben. Entscheidender und integrativer Bestandteil von Therapie und Veränderung ist die prozessuale Erfassung der Systeme und ihrer Dynamik, also ein konsequentes Prozessfeedback. Der Therapie- und Veränderungsprozess selbst wird damit als dynamisches, selbstorganisierendes System konzipiert und erfasst" – so die explizit schulenübergreifende Definition, wie wir sie in Band 1 dieser Reihe (Schiepek et al., 2013a, S. 95) vorgeschlagen haben. Eine mehrfache Kontextualisierung der praktischen Arbeit (a) in systemischer Theorie und Methodik (synergetischen Prozessmanagement, SNS), (b) im konkreten Schulenbezug (z. B. im Psychodrama) und (c) im Ansatz und Setting der stationären Psychotherapie ist nicht nur möglich, sondern außerordentlich fruchtbar und gewinnbringend.

Die Arbeit an diesem Band anzuregen und zu begleiten war mir ein persönliches Anliegen, denn die klinisch-therapeutische Arbeit mit dem SNS hat sich am Sonderauftrag für stationäre Psychotherapie an der Christian-Doppler-Klinik Salzburg zum ersten Mal realisieren lassen. Hier konnte erstmals gezeigt werden, dass dies möglich ist und zu einem therapeutischen Mehrwert führt, dass sich Patientinnen und Patienten darauf einlassen und engagiert beteiligen, dass sich mögliche Bedenken gegen ein umfassendes Monitoring als gegenstandslos erweisen, und dass sich das synergetische Prozessmanagement als Metakonzept mit der Praxis einzelner Therapierichtungen (z. B. des Psychodramas) in einem konkreten und durchaus komplexen Setting verbinden lässt. Dieses Team hat wahrhafte Pionierleistung vollbracht und verdient hohen Dank und Anerkennung. Mir selbst war es in vielen Patientenkontakten und Teambesprechungen hier möglich, meine klinische Erfahrung zu vertiefen und innovative Verfahren zu erproben (z. B. SNS-basierte Therapiegespräche mit Patienten, Ressourceninterviews, idiographische Systemmodellierung). Auch unsere wesentlichen Forschungsprojekte laufen auf dieser Station. Dieses Team ist für uns alle, nicht zuletzt für die Patientinnen und Patienten, ein großes Geschenk.

Salzburg, Juni 2014   Günter Schiepek

Inhaltsverzeichnis

Danksagung

Danken möchten wir dem gesamten Team unserer Psychotherapiestation. Ohne dieses Team, in dem es große Freude macht mitzuwirken und von dem in jede Richtung viel Unterstützung ausgeht, wäre die Arbeit in der Form, wie wir sie hier beschreiben, nicht möglich. Unser besonderer Dank gilt den Kolleginnen und Kollegen[1], die durch ihre Beiträge die Vielgestaltigkeit dieses Bandes ermöglicht haben: Susanne Neureiter-Penn (Kapitel 7), Brigitte Kravanja und Bettina Klinger (Kapitel 8), H. Magdalena Müller und Markus Hochbrugger (Kapitel 10).

Nicht vergessen dürfen wir, dass vieles was wir heute in unserer Arbeit als selbstverständlich betrachten, große gemeinsame Anstrengungen erforderte, die konzeptuelle und personelle Entwicklung in nicht nur unterstützenden Umwelten ständig voranzubringen. Ganz wesentlich wurde dies von Primarius Wilfried Leeb, dem langjährigen Leiter und Begründer des Sonderauftrags für stationäre Psychotherapie, getragen. Ihm sei hier unsere große Hochachtung vor dieser Leistung ausgesprochen.

Nicht zuletzt geht unser Dank an Günter Schiepek, der unsere Arbeit seit Jahren interessiert begleitet, dabei viele Anregungen aus seinen Forschungsfeldern mitbringt und schließlich die Einladung zum Verfassen dieses Bandes ausgesprochen hat. Zudem hat er in seiner Funktion als Reihenherausgeber wertvolle inhaltliche Anregungen gegeben und redaktionelle Überarbeitungen des Manuskripts vorgenommen.

Salzburg, im Juni 2014   Helmut Kronberger und Wolfgang Aichhorn

---

1   Für eine gendergerechte Formulierung wählen wir hier den Weg, zwischen weiblicher und männlicher Schreibweise zu wechseln.

1 Stationäre Psychotherapie – ein integrativer Ansatz

„Die Psyche hat grundsätzlich den Drang,
von anderen Psychen Gebrauch zu machen."
Charles Spezzano[2]

Innerhalb der Psychiatrie „genießt" die stationäre Psychotherapie eine gewisse Sonderstellung. Nach den wichtigen Errungenschaften der Sozialpsychiatrie in den 60er und 70er Jahren des letzten Jahrhunderts wurde die biologische Psychiatrie (wieder) zum Leitparadigma der folgenden Jahrzehnte. Insbesondere die neuen Entwicklungen am psychopharmakologischen Sektor ließen die Fantasie aufkommen, psychiatrische Erkrankungen könnten allein durch Psychopharmaka geheilt oder zumindest in ihrem Verlauf so deutlich verbessert werden, so dass psychotherapeutische und psychosoziale Maßnahmen nur noch in begrenztem Umfang notwendig seien. Auf diesem Hintergrund kam es nicht nur in Österreich zu einem massiven, über das vernünftige Maß hinausgehenden Bettenabbau in der Psychiatrie mit damit einhergehenden immer kürzeren stationären Behandlungszeiten.

Auf psychiatrischen Kongressen weltweit wurden diese Fortschritte in immer neuen Effizienzstudien zelebriert, obwohl – wie sich heute zeigt – bei aller Euphorie für die psychopharmakologischen Behandlung die reinen Wirksamkeitsdaten keinen entscheidenden Vorteil der neuen Medikamente gegenüber den alten Antidepressiva und Antipsychotika nachweisen konnten. Gleichzeitig blieb die stationäre Psychotherapie ein wesentlicher Faktor in der Behandlung psychisch kranker Menschen, wenn auch nicht im Blickpunkt des psychiatrischen Mainstreams. Offensichtlich zeigte sich im Behandlungsalltag der Kliniken doch ein Bedarf nach dem bio-psycho-sozialen Menschenbild verpflichteten Therapiestationen.

Heute ist die Wirksamkeit stationärer Psychotherapie unbestritten und es ist evident, dass psychische Erkrankungen, die mit schweren, biografisch bedingten Bindungsstörungen einhergehen, nur mit psychotherapeutischen Methoden, die genau diese Bindungs- und Beziehungsproblematik zum Thema machen, behandelbar sind. Diese Veränderungsprozesse beruhen auf neurophysiologischen Lernprozessen (Neuroplastizität) und benötigen Zeit. Diese Zeit sollte man den Patienten für ihre Entwicklungs-, Begegnungs-, Übungs- und Lernprozesse zugestehen.

Die Zunahme neurobiologischer Erkenntnisse führte auch die Psychotherapieforschung in ein neues Zeitalter und innerhalb der Psychiatrie erneut zu einem Paradigmenwechsel. Passend zu dieser Veränderung kam in Österreich auch die Umbenennung des „Facharztes für Psychiatrie" in den „Facharzt für Psychiatrie und psychotherapeutische Medizin" im Jahr 2007. Erstmals wurde dadurch die psychotherapeutische Ausbildung der psychiatrischen Ausbildung gleichgestellt. Im Behandlungsalltag kann also eine psychopharmakologische Behandlung gleichwertig und gleichgewichtig mit einer psychothe-

---

2   zitiert nach Tiedemann (2008, S. 254).

rapeutischen Beziehungsarbeit in der Gruppentherapie und Einzeltherapie durchgeführt werden.

Die meisten psychischen Erkrankungen, die einen chronifizierten und mit schweren psychosozialen Beeinträchtigungen einhergehenden Verlauf nehmen, sind mit frühen Beziehungstraumata assoziiert. Dazu gehören z. B. Persönlichkeitsstörungen, generalisierte Angststörungen, Somatisierungs-, Ess- und Zwangsstörungen. Es sind Menschen mit diesen Störungen, die unser Gesundheitssystem in hohem Maße – auch ökonomisch – fordern (Bohus, 2007). Ausgehend von der eher geringen Beachtung stationärer Psychotherapie in der psychiatrischen Versorgung verwundert es nicht, dass die abrechnungsrelevanten Kosten- und Erlösstrukturen im Gesundheitssystem keine besondere Rücksicht auf die Besonderheiten der stationären Psychotherapie genommen haben (z. B. die Teamarbeit mit multiprofessioneller Zusammensetzung und Arbeitsweise oder notwendige längere Aufenthaltszeiten von im Schnitt 12 bis 16 Wochen).

Die speziellen Bedingungen, welche die nun seit 20 Jahren gewachsene, erfolgreiche Arbeitsweise am Sonderauftrag für stationäre Psychotherapie der Christian-Doppler-Klinik Salzburg prägen, sind Inhalt der folgenden Kapitel. Zahlreiche Fallbeispiele geben neben theoretischen Überlegungen Einblick in therapeutische Prozesse und ihren psychodynamischen Hintergrund. Leitmotiv ist dabei die als Untertitel unseres Bandes gewählte „Strukturierung therapeutischer Prozesse durch Begegnung", die von allen Teammitgliedern in der Auseinandersetzung mit sich und unseren Patienten getragen wird. Es ist eine Begegnung, die verändert und heilt – nicht nur unsere Patienten, sondern mitunter auch uns selbst.

Wenn zuvor die Paradigmenwechsel in der Psychiatrie in den Blick kamen, so ist noch auf die Frage einzugehen, wo wir unser Modell innerhalb der Konzepte stationärer Psychotherapie verorten. Im Zuge der eigenen, aus den praktischen Notwendigkeiten des Klinikalltags heraus gespeisten Entwicklungen innerhalb der letzten 20 Jahre haben wir die Diskussionen im deutschen Sprachraum mit verfolgt und uns davon auch anregen und beeinflussen lassen: vom bipolaren Modell der frühen psychosomatischen Kliniken bis hin zu störungsspezifischen Ansätzen auf Grundlage integrativer Konzepte (Köllner & Senf, 2010). Das Bühnenmodell des integrativen Ansatzes öffnet den Blick für Szenisches und auf Inszenierungen, es gibt einen Rahmen vor, innerhalb dessen sich psychodynamisches Verstehen, systemisches Denken und psychodramatisches Handeln ergänzen und eine methodische Pluralität ermöglichen. Die Integration störungsspezifischer Ansätze professionalisiert die Arbeit mit Zwangsstörungen (verhaltenstherapeutisches Konzept) und Traumafolgestörungen (dialektisch-behaviorales Konzept), wobei hier die von vielen Kolleginnen (v. a. aus dem Pflegepersonal) in Anspruch genommenen Weiterbildungen zum Skills-Trainer zu deutlich mehr Sicherheit im Umgang mit diesen Patientengruppen führte. Die verhaltenstherapeutische Gruppe für Patientinnen mit Zwangsstörungen läuft als *program in program*, d. h. diese Ansätze lassen sich integrieren, ohne die bewährte Arbeitsweise im Team und unser Grundverständnis verändern zu müssen.

Im vorliegenden Band versuchen wir, unsere Praxis einerseits erfahrungsnah darzustellen, andererseits in den Dialog mit der Theorie zu bringen. Bei dieser Reflexion durch die Brillen verschiedener Theorien ist deutlich geworden, dass wir uns am integrativen

Modell störungsspezifischer Modelle orientieren, dies allerdings in Verbindung mit einer Haltung, die sich am besten mit dem intersubjektiven Ansatz charakterisieren lässt. Wenn wir den Gedanken der Begegnung ins Zentrum rücken, so sind wir auf den Menschen, nicht auf den „Patienten" bezogen. Wir geben ein „einseitig patienten-zentriertes Behandlungsverständnis" (Kunzke, 2011, S. 578) auf, unser Expertenstatus tritt in den Hintergrund. Wir werden Expertinnen für die „Szene", aber so sehr es hilfreich ist, ein szenisches Verständnis zu entwickeln und Szenen „lesen" zu können, so begeben wir uns damit immer noch auf einen „Hochsitz" (Mitchell, 2005), der Deutungshoheit sichern und von dem aus die Illusion der objektiven Distanz aufrecht erhalten werden soll. Bei störungsspezifischen Ansätzen, vorwiegend im Traumabereich, mag ein manualisiertes Vorgehen einen Zugewinn an Sicherheit bringen, aber immer ausgefeiltere Techniken und differenzierte Diagnostik können den therapeutischen Prozess nicht ersetzen. Entwicklungstraumata entspringen einem „Zusammenbruch des Systems gegenseitiger Regulation zwischen Kind und Betreuungsperson" (Stolorow et al., 2002, zit. nach Bachhofen, 2012, S. 33), was bedeutet, dass die Qualität therapeutischer Arbeit im Beziehungsgefüge liegen muss und dass es das intersubjektive Feld ist, welches bestimmt, was geschehen und bearbeitet werden kann.

Begegnung meint also nicht, dass Expertinnen und Wissende den Patientinnen gegenübertreten. Sich auf Begegnung einlassen heißt vielmehr, dass subjektive, immer auch affektiv aufgeladene Erfahrungswelten aufeinander treffen. In den Therapien werden wir Teil gemeinsam kreierter intersubjektiver Felder. Der intersubjektive Ansatz geht davon aus, dass es keinen isolierten Geist geben kann, dass wir von Beginn der individuellen Entwicklung an auf äußere Welten bezogen sind und unsere Subjektivität sich in Bezogenheit entfaltet, also durch Intersubjektivität. Wir können uns auf keine starren Identitäten berufen – weder persönlich noch in unserer Professionalität. In den interaktiven Momenten der Begegnung verwandeln wir uns vielmehr auf individuelle Weise und lassen die verschiedenen Aspekte unseres inneren Kerns lebendig werden (Eberhard, 2005). Jaenicke (2006) spricht vom „Risiko der Verbundenheit": In der Begegnung mit unseren Patienten sind wir mit eigenen Ängsten, Verwundungen, Traumatisierungen konfrontiert. Allerdings stoßen wir in der Teamarbeit und im dabei notwendigen Austausch auch an Grenzen: Wie kann die Balance zwischen Selbstreflexion und Selbstoffenbarung einerseits und notwendigem Selbstschutz andererseits gehalten werden?

Vielleicht ist der Ansatz der selbstreflexiven Empfänglichkeit von Mitchell (2005) geeignet, das Vorgehen in der stationären Psychotherapie sowie die Arbeit im Team zu beschreiben: „Ich habe festgestellt, dass ich den produktivsten Gebrauch von mir mache, wenn ich mich bemühe zu verstehen, wie ein Patient sich mir in einer bestimmten Situation darstellt, und ich dann darüber zu reflektieren versuche, wie ich darauf reagiere. Welche Version von mir wird durch die Präsenz des Patienten am heutigen Tag evoziert? Wer bin ich? Wie bin ich, wenn ich mit dem Patienten zusammen bin?" (S. 249). Diese selbstreflexive Empfänglichkeit ist wohl eine hohe Kunst und hoch dynamisch insofern, als wir genauso wie unsere Patientinnen durch wechselnde, diskontinuierliche Selbstzustände und Selbstorganisationen gekennzeichnet sind, die sich wiederum in einander wechselseitig beeinflussenden interpersonalen Feldern generieren. Der Ansatz ist insofern flexibel, als darin verschiedene Verständnisweisen der Teammitglieder, ihre Haltungen und Persönlichkeiten Platz finden.

Das Ich entsteht aus der Begegnung mit dem Du – diesen philosophischen Grundgedanken des Psychodramas hat ihr Begründer Jakob L. Moreno vor nunmehr knapp 100 Jahren in seinen literarischen Frühschriften und in Vorwegnahme der Begegnungsphilosophie von Martin Buber (Waldl, 2005) formuliert. Dass Persönlichkeit und Identität sich durch Perspektivenübernahme in Interaktionserfahrungen formen, ist genuiner Bestandteil psychodramatischen Denkens, das sich damit auch als systemisches Denken ausweist (vgl. auch Lauterbach, 2003). In der Psychoanalyse, in der man von einer relationalen Wende (Altmeyer & Thomä, 2010) spricht, wird dieser Ansatz als Theorie der Intersubjektivität seit etwa 20 Jahren diskutiert und dabei Bezug genommen auf Philosophie, Systemtheorie, Säuglings- und Bindungsforschung, Entwicklungspsychologie und Neurobiologie (vgl. die Schriften der Boston Change Process Study Group, Stern et al., 2012). Damit besitzt diese Theorie das Potenzial, verschiedene psychotherapeutische Ansätze zu integrieren.

Wenn Veränderung nur im Rahmen intersubjektiver Systeme möglich ist, so sind diese Systeme entwicklungsförderlich zu gestalten. Die Station wird dann nicht nur in einem metaphorischen Sinne zu einem Übergangsraum, der das Selbst mit dem/den Anderen, innere mit äußeren Welten, Fantasie mit Realität verbindet. Dieser *potential space* (beides Begriffe, die auf Winnicott zurückgehen) wird ein sozialer Geburtsraum für Identität (Altmeyer, 2005, S. 48). In diesem realisieren sich Erfahrungen von Verschmelzung und Getrenntsein, Abhängigkeit und Unabhängigkeit als Voraussetzung für Individuation, denn nur die Erfahrung und Anerkennung der eigenen Abhängigkeit ermöglicht die Entwicklung zur Autonomie (Altmeyer, 2011, S. 113). Dass dieser soziale Geburtsraum die Basis für die Arbeit mit Patientinnen jenseits diagnostischer Einschränkungen und zudem auch gedeihlich für alle darin therapeutisch Tätigen ist, versuchen wir zu leben und unseren Patientinnen und Leserinnen zu vermitteln.

2 Begegnung und soziale Selbstorganisation

„Vielleicht ist das alle Gemeinsamkeit: an Begegnungen zu wachsen."
Rainer Maria Rilke

2.1 Prozessmonitoring

Der Sonderauftrag für stationäre Psychotherapie an der Christian Doppler Klinik Salzburg ist in eine psychiatrische Abteilung eingebunden, genießt aber durch den Sonderauftragsstatus relative Autonomie, die uns Freiheiten in der konzeptuellen Entwicklung gibt. Die eigene klinische Arbeit zu reflektieren stand für uns als Wunsch schon länger im Raum, bedurfte aber einigen Anstoß von außen, um aus dem Verwobensein mit dem klinischen Alltag herauszutreten und eine produktive Außenperspektive einzunehmen.

Die Einführung eines internetbasierten Therapiemonitoring-Systems (*Synergetisches Navigationssystem*, SNS) hat in dieser Richtung einen wesentlichen Beitrag geleistet, denn damit wurde es möglich, nicht nur die Therapieprozesse unserer Patientinnen und Patienten zu visualisieren und mit ihnen gemeinsam datenbasiert zu reflektieren, sondern auch das therapeutische Handeln und die Therapieeffekte der gesamten Station abzubilden. Die Visualisierungen nutzen wir in Feedbackgesprächen mit den Patienten, um ihnen die Behandlungsverläufe transparent zu machen und damit die Veränderungsmotivation zu erhöhen, aber auch im Team bei Fallbesprechungen. Therapeutische Prozesse werden dadurch in ihrer Eigendynamik erkennbar. Wir beobachten Selbstorganisationsprozesse und die diesen zugrunde liegenden Bedingungen in zeitlich hoch aufgelöster Form. Wendepunkte im Therapieverlauf werden als Ordnungsübergänge sichtbar, bei denen Selbstorganisation und Interventionen ineinandergreifen und es wird deutlich, wie sich die bekannten Wirkfaktoren der Therapie (Duncan et al., 2010; Schiepek et al., 2013a) in ihrem konkreten Zusammenspiel, d. h. in der Dynamik des einzelnen Therapieprozesses entfalten.

Grundlage für dieses Feedback und die gesamte Prozesserfassung ist die tägliche internetbasierte Beantwortung eines Prozessfragebogens in dem auf den jeweiligen Tag bezogen unterschiedliche Aspekte des Erlebens und der Befindlichkeit der Patienten erfasst werden (z. B. Emotionen, Beziehung zu wichtigen Bezugspersonen wie Therapeuten und Mitpatienten, Therapiefortschritte und Zuversicht, Veränderungsmotivation oder Problembelastung). Therapeutische Prozesse werden auf dieser Grundlage in Form von Zeitreihen evaluiert sowie in unterschiedlichen Darstellungsformen bildhaft erfassbar (für Beschreibungen des Systems s. Aas & Schiepek, 2014; Dold et al., 2010; Maurer et al., 2011; Schiepek et al., 2011a, 2012, 2013a; Schiepek & Aichhorn, 2013).

Für Patientinnen bedeutet ihr Engagement im SNS eine Erhöhung von Selbstreflexion und Mentalisierungsfähigkeit, Erleben und Förderung von Selbstwirksamkeit und eine Einübung in Achtsamkeit. Für uns im Team besteht der Gewinn darin, Feinabstimmungen in den therapeutischen Konzepten vornehmen zu können, Merkmale von nicht linearen Dynamiken in therapeutischen Prozessen zu erfassen und immer wieder den Blick

Abbildung 1:
SNS-basiertes Therapie-
gespräch.

dafür zu schärfen, wie ein *prozessuales Schaffen von Bedingungen für Selbstorganisationsprozesse*, als welches Psychotherapie im Rahmen der Synergetik definiert wird (Schiepek et al., 2011a), gelingen kann. Gemeinsam mit den Patienten anhand der Zeitreihen einen Blick auf den therapeutischen Verlauf zu werfen hieße nach Daniel Stern, von einer impliziten Agenda als der Regulierung des impliziten Zustandes der gemeinsamen Beziehung zu einer expliziten Agenda zu wechseln: „Wenn sich Therapeut und Patient mit der expliziten Agenda auseinandersetzen, stehen sie sozusagen Seite an Seite und betrachten ein Drittes – den Inhalt, der ihrer unmittelbaren Beziehung äußerlich ist" (Stern, 2010, S. 130) (vgl. Abb. 1). Mit der Bereicherung um diese externen Informationsquellen sind sowohl Neugierde als auch Mut gewachsen, die eigene Arbeit einer Reflexion zu unterziehen.

2.2 Gewachsene Strukturen

Wenn Strukturierung, Steuerung und Feintuning dieser Selbstorganisationsprozesse durch Begegnung erfolgt, dann ist daran das gesamte Team beteiligt. Dass diese Organisation mit ihren komplexen Strukturen und Abläufen mit Leben gefüllt wird, dass Kohäsion und Arbeitsfähigkeit sich entwickeln können, dafür bedarf es der Begegnung auf der Bühne des gesamten Teams. Das Konzept unserer Station hat sich über Jahre hinweg entwickelt und dem Teamentwicklungsprozess wurde dabei immer große Aufmerksamkeit geschenkt. In den 1980er Jahren war es der Aufbau einer psychiatrischen Rehabilitation, wobei anfangs die „Therapie der Institution" im Vordergrund stand und der erste Einsatz von Psychotherapie verbunden war mit soziotherapeutischen Aspekten zur Umgestaltung des stationären Umfelds (Leeb, 1991, S. 105). Mitte der 1990er Jahre wurde auf Basis dieser Erfahrungen mit dem Aufbau einer Psychotherapiestation begonnen und mit dem Status eines Sonderauftrags dann abgesichert. Notwendige konzeptuelle Veränderungen oder Anpassungen waren dabei immer aus dem Team heraus oder zumindest unter dessen Mitgestaltung erfolgt. Durch die damit verbundene Kontinuität und hohe Identifikation der Mitarbeiter konnten Kulturen tradiert werden und sind wichtige Regeln und ritualisierte Abläufe zu einem impliziten Erfahrungsschatz geworden, der allen Beteiligten – Therapeuten und Patienten – Sicherheit vermittelt (generisches Prinzip 1).

Als Beispiel mag der Umgang mit Selbstverletzungen gelten. Das Team hat aus leidlichen Erfahrungen von Ohnmacht und Hilflosigkeit heraus eine klare Haltung entwickelt und verinnerlicht, mit der den Patientinnen klar signalisiert wird: Dieses Verhalten ist nicht erwünscht, es unterläuft die therapeutischen Bemühungen, bricht den Therapievertrag und kann den Aufenthalt gefährden. Dass diese Regel so selbstverständlich vertreten werden kann und für die Patientinnen auch hilfreich ist, hat etwas mit dem „Gewachsenen" im Team zu tun: Sie steht nicht einfach als rigides Verbot im Raum, sondern wird aus einer Position der Sicherheit vertreten. Die Konfrontation damit ist immer ein Interaktionsgeschehen, ein Beziehungsangebot und somit potenzielle Begegnung.

2.3 Begegnung

Die Tanz- und Bewegungstherapeutin berichtet in einer Teambesprechung Folgendes: Nach Ermunterung durch die Gruppe gelingt es einer Patientin, bei der körperliche Bewegung und körperlicher Ausdruck bisher mit einem inneren Verbot belegt war („es ist, als ob ich mich prostituiere"), erstmals in einem tänzerischen Dialog mit der Therapeutin periphere und zentrale Bewegung einzusetzen, was sie freudig erregt kommentiert: „Das war jetzt eine *wirkliche Begegnung*!" Begegnung ist also immer ein Interaktionsgeschehen, emotional, geistig und körperlich. Begegnung können wir mit Krüger als einen Schlüsselbegriff des Psychodramas sehen, nach ihm umfasst Begegnung Handeln, Intersubjektivität und Rollentausch (Perspektivenwechsel). Es ist eine Interaktion zwischen einem Ich und einem anderen Ich, ein Perspektivenwechsel. Somit ist „psychodramatisches Denken von Anfang an systemorientiert" (Krüger, 2000, S. 66).

Stationäre Psychotherapie heißt, Patientinnen eine Reihe von Bühnen anzubieten, auf denen Begegnung ermöglicht wird. Diese Bühnen stellen den Rahmen dar, der zum Kristallisationspunkt therapeutischer Prozesse wird (Skogstad, 2001). Im Unterschied zum *Bühnenmodell* des integrativen Ansatzes, wo Bühne in einem metaphorischen Sinn verstanden wird als Raum, innerhalb dessen sich innere Konflikte inszenieren und Therapeutinnen vorwiegend deutend darauf antworten, ist im Psychodrama das Bühnenmodell umfassender zu verstehen. Der psychodramatische Ansatz geht von der Einheit von Denken, Fühlen und Handeln in der Begegnung aus, „Begegnung ist bewußte, fühlende und handelnde Teilnahme am lebendigen Sein" (Leutz, 1974, S. 66). In diesem Sinne beinhaltet das Bühnenmodell „den konzeptuellen Anspruch, als TherapeutIn auf der Begegnungsbühne (natürlich auch auf Sozialer Bühne und Spielbühne) anzustreben, spontan, kreativ und möglichst nicht in rigiden Konserven zu handeln. TherapeutIn und KlientIn sollen die gemeinsame Beziehung möglichst mit allen Qualitäten spielerischen Handelns gestalten" (Schacht & Pruckner 2010, S. 240 f.). Dabei kommt dem Team eine wichtige Funktion insofern zu, als es unsere Begegnungsfähigkeit stärken kann. Wenn wir hier einen Umgang pflegen, in dem Rollen klar verteilt sind, in dem Spielerisches und Humor Platz haben und in dem es ein Erproben und auch Fehler-Machen gibt (Haltung der Fehlerfreundlichkeit bzw. der imperfekten Ziele im Sinne von Schacht, 2009), wird diese Kultur auch den Umgang in anderen Begegnungsfeldern prägen: im Einzelkontakt mit den Patienten und überall dort, wo Team und Patientengruppe aufeinander treffen und Patienten untereinander sich in der therapeutischen Gemeinschaft begegnen. Begegnung stellt immer die Keimzelle von Strukturbildung in Gemeinschaften und Organisationen dar (Hutter, 2010, S. 215). Neben diesen äußeren Bühnen ist es wichtig, auch Zugang zu inneren Bühnen zu finden. Wenn eine Begegnung mit sich selbst durch den imaginierten oder im Rollenspiel vollzogenen Rollentausch mit dem Antagonisten möglich wird, kann man sich selbst begegnen, d. h. den eigenen, nach außen projizierten inneren Figuren. Verleugnete, abgespaltene oder ungeliebte Anteile können so wieder zu sich genommen und integriert werden. In diesem Wechselspiel von innerer und äußerer Bühne entstehen, wie auf einer Brücke zwischen subjektiver und objektiver Welt, Übergangsräume, in denen Lern- und Veränderungsprozesse stattfinden. Das ist Psychotherapie: die prozessuale Ermöglichung von psycho-sozialen Ordnungsübergängen.

Es gibt Bühnen, die sich wie von selbst diesen Übergangsräumen öffnen und andere, auf denen es gezielt um Skills, Erprobung und bewusstes Lernen geht. Die Trennung von Therapieraum und Realitätsraum, wie sie für bipolare Modelle stationärer Psychotherapie formuliert wurde (Janssen, 1987, 2004, 2012), ist hier nicht mehr sinnvoll. Wenn die Stationsschwester einer ängstlichen Patientin, die sich seit Tagen vor einem notwendigen Amtstermin fürchtet, beim Weggehen einen Apfel in die Hand drückt und ihr mit auf den Weg gibt, so erfolgt dies einerseits in einer alltäglichen Begegnung (Realitätsraum), an der Tür zum Dienstzimmer, andererseits ist es eine bewusst gesetzte symbolische Geste, den Apfel nicht nur versorgend gedacht, sondern bewusst als Übergangsobjekt, mithin eine wirkungsvolle therapeutische Intervention. Es ist nach dem generischen Prinzip 7 eine Hilfe und Unterstützung, die „Symmetriebrechung" auf dem gewagten Weg eines neuen Verhaltens in einer bisher vermiedenen Situation zu vollziehen und zu meistern.

Das bipolare Modell ist in den meisten Kliniken zugunsten eines integrativen Modells verändert worden. Auch wir fühlen uns diesem integrativen Modell oder auch Bühnenmodell stationärer Psychotherapie verpflichtet. Dies in dem Sinne, dass wir alles „Handeln der Patientinnen als eine szenische Darstellung innerer Konflikte und ihrer Bewältigungsstrategien auffassen" (Matakas, 1992, S. 29), ihre Inszenierungen beobachten, Übertragungen und Gegenübertragungen erkennen, wenn möglich deuten und uns in diese Inszenierungen hineingezogen fühlen. Wenn wir Patienten einladen, die Bühne der Station zu betreten, so stellen wir uns im Sinne des Begegnungsgedankens auch zur Verfügung. „Das soziale Leben in der Klinik ist eine Ko-Produktion aller Beteiligten, eine Moment-zu-Moment-Hervorbringung, an der alle Anwesenden beteiligt sind und die von allen Anwesenden im Zuge ihres Miteinander-Umgehens hervorgebracht wird" (Streeck, 1998, S. 158). Stern spricht von Ko-Kreativität (2010, S. 165 ff.) in Abgrenzung zum Begriff der Ko-Konstruktion, da es ja keinen bestehenden Plan gibt und die Hervorbringungen unvorhersehbar sind – ein Prozess mit ungewissem Ausgang, ein chaotischer Prozess (Strunk & Schiepek, 2014).

Psychodramatisch stellt sich die Frage: Wie können unbewusste Inszenierungen zu bewussten Szenen werden und wie können wir diese Szenen mit den Patientinnen so umgestalten, dass sie gesünder, lustvoller, selbstbestimmter und lebbarer werden? Für Moreno ist es die Frage nach der „Heilung der Szene" (Hutter, 2004, S. 103). In systemischer Terminologie geht es um die Frage nach den Bedingungen für Selbstorganisationsprozesse, bei denen sich sozial-interaktive Dynamiken mit intrapsychischen Dynamiken koppeln und gegenseitig bedingen. Die Struktur, die wir dabei kurzfristig als Hilfs-Ichs übernehmen, sollte als Eigenregie wieder an die Patienten zurückgehen.

Ein Aspekt der Begegnung liegt auch darin, dass wir gemeinsam mit Patienten ein individuelles Programm abstimmen, welches verändert, erweitert und an neue Bedingungen angepasst werden kann. Darüber gibt es von Beginn der Behandlung an eine Auseinandersetzung: manche Therapieangebote müssen erst „verdient" sein, womit man ihnen mehr Wert beimisst, sie als Schätze wahrnimmt und auch aktiv nutzen kann.

2.4 Affektive Kraftfelder

Veränderungen sind nur möglich, wenn man sich auf Begegnung und damit verbundene Gefühle einlässt. „Psychotherapie lebt von Begegnung und Spiel, Freude und Humor, Kreativität und Lebendigkeit" (Bleckwedel, 2008, S. 20). Die Wirkung von Psychotherapie entfaltet sich in einem Zwischen-Raum, es entwickelt sich also eine Dimension, die *zwischen* den Personen liegt. Moreno hat schon 1947 in Vorwegnahme des intersubjektiven Ansatzes in der Psychotherapie von einem Raum außerhalb des Organismus, einem Raum zwischen den Organismen gesprochen, in dem es charakteristische Muster von gegenseitigen Beziehungen zwischen Individuen gibt. Diese Muster, so Moreno, würden sich nach bestimmten Regeln entwickeln. „Sie haben eine solch andauernde Wirkung auf die verschiedensten Gruppen, dass es scheint, als ob soziale Impulse nicht nur vom individuellen Organismus geformt werden, sondern auch von dem, was sich zwischen den Individuen abspielt" (zit. n. Hutter & Schwehm, 2012, S. 191). Gruppenmitglieder scheinen manchmal wie durch eine gemeinsame Seele verbunden zu sein. Man kann hier von einem „affektiven Kraftfeld" oder, wie Vertreter eines intersubjektiven Ansatzes (Orange et al., 2001; Orange, 2004) es nennen, einem „intersubjektiven Feld" sprechen.

Ein Beispiel soll verdeutlichen, was damit gemeint ist. In diesem nicht länger als 20 Minuten dauernden Ausschnitt aus einer Gruppe wird sichtbar, wie spontane Begegnung Veränderungen ermöglicht, wie ein affektives Kraftfeld sich aufspannt und Atmosphären entstehen, in denen Patienten zum therapeutischen Agens füreinander werden können und Prozesse von Selbstorganisation daraus hervorgehen.

Beispiel: Affektive Kraftfelder

Die alle 14 Tage stattfindende Gruppe des Behandlungsteams thematisiert die Anliegen, die sich aus dem Zusammenleben auf der Station ergeben. Es ist ein Forum für alle Themen, sowohl aus der Gruppe der Patientinnen als auch der Therapeutinnen. Hier werden Regeln der Hausordnung transparent gemacht und sie dient auch der Begrüßung neuer und der Verabschiedung vor der Entlassung stehender Patienten. Sie hat die Funktion einer Stationsgruppe.

In seiner Vorstellung sagt Herr M., ein schüchterner, depressiver Mann, seit knapp zwei Wochen auf unserer Station, ganz spontan und mit Stolz: „Ich bewohne die Präsidentensuite!", womit er zum Ausdruck bringen will, dass er über sein kleines Einzelzimmer (von denen es nur wenige gibt) höchst zufrieden ist. Daraufhin fragt ihn keck Herr N., ein junger Mann, ebenfalls sonst sehr zurückhaltend: Wenn er sich als Präsident sehe, wer sei dann Herr O., der Kollege neben ihm in einem weiteren Einzelzimmer? „Ja, das ist der Alt-Präsident!" Befreiendes Lachen bei den Beteiligten, schließlich hat Herr M. bisher zu seinem Zimmernachbarn, einem älteren Patienten, Akademiker, der sich gerne in der Rolle des Wissenden und Ratgebenden sieht und den er hier als Alt-Präsidenten würdigt, immer aufgeblickt und ihn bewundert. Auch dem „Alt-Präsidenten" gefällt diese spontane Geste. Nicht nur die drei beteiligten Herren finden hier einen humorvollen Umgang, in der gesamten Gruppe macht sich gute Laune breit.

Herr M. ist – so wird in den Gesprächen danach deutlich – über seinen spontanen Ausspruch sehr überrascht, dass er sich in der Gruppe so etwas traue, noch dazu Herrn O. gegenüber, den er verehre. Noch mehr überrascht ihn, in der gesamten Gruppe damit Anklang gefunden zu haben. Die kurze Szene bleibt ihm in Erinnerung und dient ihm als Ressource für einen Übergang zu spontanem Verhalten. Auch Herr O. bezieht sich später immer wieder auf diese Sitzung: „Damals ging ein Ruck durch die Gruppe!" Für ihn bedeutet es einen Wendepunkt insofern, als er danach seine Zurückhaltung aufgibt und sich ernsthaft für andere Mitglieder der Gemeinschaft interessiert. Die Sitzung markiert für die drei beteiligten Männer zusammen den Beginn einer sehr herzlichen und intensiven Beziehung mit gegenseitiger Unterstützung. Für alle drei sind es Begegnungsmomente, in denen sie eine gemeinsam erlebte emotionale Geschichte teilen. Mit Daniel Stern, der für sein Buch über den Gegenwartsmoment ursprünglich den Arbeitstitel „Der Begegnungsmoment" vorgesehen hatte (Stern, 2010, S. 16), könnten wir diese Szene auch so beschreiben: „Dieses *Jetzt* ist ein Gegenwartsmoment mit einer Dauer, in der sich ein Mikrodrama, eine emotionale Geschichte über die gemeinsame Beziehung, entfaltet. Diese gemeinsame gelebte Erfahrung wird insofern mental geteilt, als beide Beteiligte intuitiv am Erleben des anderen teilnehmen. Das intersubjektive Teilen der gemeinsamen Erfahrung wird verstanden, ohne dass es verbalisiert werden muss, und wird Teil des impliziten Beziehungswissens. Die Gemeinsamkeit erzeugt zwischen den Beteiligten ein neues intersubjektives Feld, das ihre Beziehung verändert und es ihnen ermöglicht, zusammen andere Richtungen einzuschlagen" (ebd., S. 41).

Aber die Gesamtszene ist hier noch nicht zu Ende. Diese kurze Sequenz, so das Verständnis von einem Prozessmodell im Psychodrama, dient als Erwärmung für die nächste Szene:

Beispiel: Affektive Kraftfelder (Forts.)

In der aufgelockerten Stimmung derselben Teamsitzung ist Frau P., eine ängstliche, zwanghaft-kontrollierte und kontrollierende junge Frau an der Reihe, sich vorzustellen. Nicht leicht für sie, schließlich ist es ihr bei einem wochenlangen Aufenthalt zuvor in einer anderen psychotherapeutischen Klinik gelungen, durchgehend zu schweigen! Sie ist zu spät zur Gruppe gekommen, Schneechaos auf der Autobahn, es ist ihr schrecklich peinlich, will sie doch alles immer perfekt machen. Der Ort, aus dem sie täglich in die Tagesklinik anreist, ist als „Schneeloch" bekannt, aus der Gruppe kommen dazu witzige und entlastende Bemerkungen, die ein „Willkommen" signalisieren. Es ist erst ihr zweiter Tag auf der Station, aber sie ist mitgerissen von dieser aufgelockerten Stimmung und kann ihr Thema formulieren: ihren Wunsch, auf andere Menschen zuzugehen und die große Angst, es nicht zu schaffen. Ich (H. K.) biete ihr, als sie zu spät kommt, den freien Platz neben mir an, womit ihre extreme Anspannung für mich fast körperlich zu spüren ist. Ich versuche sie zu beruhigen: Vielleicht sei es für die erste Zeit einfacher, achtsam darauf zu sein, wer denn auf *sie* zugehe.

Wie sich später herausstellt, bedeutete dies für Frau P. einen gelungenen Einstieg in die tagesklinische Behandlung, sie spricht in ihren Tagesnotizen im SNS von einem „Geschenk", das sie von mir erhalten habe. Hier müsse sie nicht nur leisten, sondern könne auch etwas bekommen, z. B. in der Form, dass andere ihr Interesse entgegen bringen und aktiv Kontakt herstellen. Ihr geheimer Plan des kontrollierten Schweigens ist gescheitert, sie fühlt sich von Beginn an in der Gemeinschaft gut aufgehoben, eine wichtige Basis dafür, ernsthaft an sich zu arbeiten.

Ein spontan erfolgendes *sharing* treibt den Prozess weiter:

> **Beispiel: Affektive Kraftfelder (Forts.)**
>
> Zwei weitere Patientinnen schließen sich an, ihr Ankommen sei ebenfalls schwierig gewesen. Sie hätten sich bemüht, mit anderen in Kontakt zu kommen und hätten sich von einigen Mitpatientinnen, auf die sie zugegangen seien, abgelehnt gefühlt. Hier kommt Bestätigung von anderen und die Gruppe greift von sich aus eine derzeit bestehende heikle atmosphärische Situation auf. Im Foyer, einem beliebten Aufenthaltsort, hat sich in den letzten Wochen eingebürgert, dass gestrickt wird. Eine anfänglich gelockerte Atmosphäre, in der man sich gegenseitig austauscht, auch Männern das Stricken beibringt, wandelte sich in etwas Beklemmendes: Das Stricken ist nicht mehr etwas Geselliges, das sich in andere Spiele wie Schach oder Kartenspiele oder einfache Unterhaltung mischt, sondern die strickenden Frauen scheinen hinter ihren Stricknadeln zu verstummen, sie nutzen es quasi in fast demonstrativer Weise, vor unseren Augen den Dissoziationsneigungen nachzugeben – im Team sprechen wir schon, auch etwas hilflos und sarkastisch, vom Dissoziationsclub. Dieses frostige Klima, in dem sich viele ausgeschlossen fühlen, greift die Gruppe nun auf und diskutiert Möglichkeiten, etwas zu ändern, um wieder die gewohnt offene und einladende Atmosphäre entstehen zu lassen. Die einsetzende lebhafte Diskussion, in der viele Ideen kreiert werden, hat Erfolg. Zwei Tage später finden wir eine völlig geänderte Situation vor: Ohne dass wir seitens des Teams eingreifen, ist das Foyer wieder zu einem öffentlichen Raum der Begegnung und des Austauschs geworden.

Die in dieser Sitzung erfolgte spontane Äußerung von Herrn M. über seine „Präsidentensuite" bringt Lebendigkeit und Humor in die Gruppe, in spielerischer Weise rücken Beziehungen und Konflikte ins Zentrum und es finden sich Lösungen. Es ist ein einziger kurzer Moment, der einen Wendepunkt darstellt und nicht nur für Herrn M., sondern auch für andere in der Gruppe und für die Gruppe als Ganzes Entwicklungen anstößt. Eine Veränderung, die „auf gelebter Erfahrung beruht" und die mit einer „Vergrößerung des intersubjektiven Feldes" (Stern, 2010, S. 14) verbunden ist. Systemisch gesehen ein spontaner Ordnungsübergang.

2.5 Skill and Love

Der Bezug auf das Psychodrama reduziert sich nicht auf Techniken (auch wenn es viele praktische Instrumente zur Verfügung stellt), es ist auch nicht von einer „Psychodrama-Station" die Rede (auch wenn viele Kolleginnen diese Ausbildung durchlaufen haben und das Psychodrama in Gruppen und im Einzelsetting anwenden), sondern es meint eine philosophische Haltung, die sich in die Theorie intersubjektiver Selbstorganisationsprozesse (Canazei, 2007) einfügt. Ins Zentrum der Aufmerksamkeit zu stellen, was *zwischen* Patienten und Therapeuten geschieht, heißt, den Status als Wissende und Expertinnen in Frage zu stellen. Sich auf intersubjektive Felder einzulassen, deren Dynamik zu fördern und zu verstehen, was in diesen Begegnungen passiert, dafür sind Techniken wenig hilfreich.

Hat es bei Moreno 1924 noch geheißen: „Der höhere Arzt heilt nicht durch Mittel, sondern durch bloße Begegnung", so lautet die Formel, die er mehr als 30 Jahre später zusammen mit seiner Frau Zerka findet: *skills plus love* (Hutter, 2010, S. 217).

Eine intersubjektive Sichtweise hat das Potenzial, verschiedene psychotherapeutische Ansätze zu integrieren, „… so sie denn bereit sind, sich auf das Abenteuer der Begegnung mit sich selbst und den anderen" (Bachhofen, 2012, S. 29) einzulassen. Im klinischen Alltag sehen wir keine Widersprüche und erleben es vielmehr als bereichernd, wenn die Sprachen aus dem psychodramatischen, dem systemischen oder dem psychoanalytischen Ansatz, körperorientierten Therapien, Kreativtherapien, verhaltenstherapeutischen und psychoedukativen Ansätzen aufeinander treffen und sich mischen. Nicht anders scheint es für die Patientinnen zu sein – und sie bestätigen uns dies in den Rückmeldungen am Ende der Therapien. Sie nehmen Anregungen aus der Musiktherapie oder dem Skills-Training mit in die Psychodramagruppe und umgekehrt. So wird ein Therapieprozess vorangebracht, mit Material und Informationen gespeist und mit den nötigen Veränderungsparametern versorgt (vgl. das generische Prinzip 4).

2.6 Now Moments

In der stationären Psychotherapie ist ein ganzes Team beteiligt, um einen therapeutischen Prozess in Gang zu bringen, ihn aufrechtzuerhalten und durch Krisen zu steuern. Ein „Steuern" von Lern- und Veränderungsprozessen ist allerdings nur bedingt möglich. Wir erleben ein Wechselspiel zwischen Beeinflussung und Selbstorganisation (sowohl von Individuen als auch von Gruppen) sowie ein Wechselspiel zwischen allgemeinen und spezifischen Wirkfaktoren. Es ist kein linearer Prozess hin zu einem am Beginn festgelegten Ziel, sondern ein gemeinsames Voranschreiten. Die Forschungsgruppe um Stern spricht vom *moving along* (Stern et al., 2002, S. 983; Stern, 2010) als einem Prozess, welcher improvisiert, ungenau und unvorhersehbar verläuft. Stern findet in der Beschreibung dieses Prozesses eine poetische Sprache: „Das *Vorangehen* ist jener häufig schlendernde, eher umherschweifende als zielgerichtete Prozess des Suchens und Findens eines möglichen Weges, den man dann wieder verliert, um etwas später erneut auf ihn zu treffen (oder einen anderen einzuschlagen), und der Auswahl von Zielen, an denen man sich orientieren kann – Ziele, die man häufig erst im Vorangehen entdeckt" (Stern, 2010, S. 157). In der Diktion des Bandes 2 dieser Reihe: therapeutisches Chaos (Strunk & Schiepek, 2014, dort auch empirische Nachweise).

Die Therapeut-Patient-Beziehung wurde immer wieder mit der Mutter-Kind-Dyade verglichen. Bei beiden handelt es sich um selbstorganisierende Systeme, wobei in einem dialogischen Prozess durch wechselseitige Regulationen implizites Beziehungswissen entsteht und erweitert wird (Prager, 2003, S. 312). Dieser weitgehend unspektakuläre, zum Teil „stumme" Prozess des Vorangehens bereitet den Boden für Jetzt-Momente. Diese sind sowohl als emergente Eigenschaften als auch als Instabilitätspunkte nicht linearer dynamischer Systeme zu begreifen. Jetzt-Momente sind affektiv geladen, sie können mit Angst verbunden sein, mit Entscheidungsdruck oder sie gehen mit einer erhöhten Aktivierung, Erregung oder Motivation einher. Die therapeutische Beziehung ist in solchen Gegenwartsmomenten (*Kairoi,* vgl. die generischen Prinzipien 6 und 7) auf die Probe gestellt. Therapeutisch aufgegriffen und genutzt können sie zu Begegnungsmomenten werden, die den Beteiligten erlauben, das intersubjektive Feld zu erweitern und gemeinsam neue Bereiche zu erforschen. „Ein Jetzt-Moment, auf den ein Moment der Begegnung folgt, ist das Schlüsselereignis, das eine Beziehung oder den Verlauf einer Therapie dramatisch verändern kann" (Stern, 2010, S. 225) – ein Ordnungsübergang mit Symmetriebruch (vgl. Abb. 2).

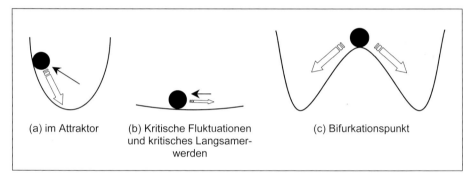

(a) im Attraktor   (b) Kritische Fluktuationen   (c) Bifurkationspunkt
                        und kritisches Langsamer-
                        werden

Abbildung 2: Bifurkationsdiagramm bzw. Symmetriebruch. Ein stabiler Zustand mit einem Potenzialtal (a) wird flacher. Kritische Instabilitäten und verstärkte Fluktuationen treten auf (b). Im Symmetriezustand muss sich das System (die Kugel repräsentiert das Verhalten des Systems) entscheiden, in welches Tal, d. h. in welchen der verfügbaren Zustände es rollt (Symmetriebruch) (c). Ein *now moment* ist einem solchen Symmetriebruch vergleichbar (Abbildung nach Strunk & Schiepek, 2014, S. 92).

So wie auf der Mikroebene der Interaktion zwischen Säugling und Bezugsperson oder in therapeutischen Sitzungen Entgleisungen und Korrekturen stattfinden und als solche wichtige Lernerfahrungen des Säuglings oder Erfahrungen in der therapeutischen Beziehung sind (die Psychotherapieforschung spricht von *Rupture-Repair-Episoden,* Gumz, 2014), erleben wir auch in den Prozessen einer stationären Psychotherapie Unterbrechungen mit Wiederherstellungen. Es ist ein wechselseitiger Regulationsprozess mit Fehlschlägen, Kursberichtigungen, Verstehen und Nicht-Verstehen – ein ständiges Bemühen, „… zu kohärenteren und inklusiveren Formen des Zusammenseins [zu] finden" (Bruschweiler-Stern et al., 2004, S. 951). Die Arbeit in diesem *Trial-by-Error*-Prozess ist asymmetrisch verteilt (Stern et al., 2002, S. 982). Es sind die spezifischen Aspekte unserer Persönlichkeit einzubringen und das Team ist gefordert, mit seiner therapeutischen und kommunikativen Kompetenz und seinen intuitiven Fähigkeiten des Sich-Einschwingens zu einer Erhöhung der Stimmigkeit beizutragen. Dabei greifen wir auch auf unser impli-

zites Beziehungswissen zurück, welches dem Körper als *embodied knowledge* einge-
schrieben ist und eine Art Handlungswissen *(procedural memory)* darstellt (Streeck, 2013,
S. 143). Rufer (2012, S. 72) spricht mit Bezug auf das generische Prinzip 6 von einer *Fokussierung auf Resonanzen und Synchronisationsprozesse* im Beziehungs- und Bindungssystem. Diese Resonanzen sind wesentliche Bedingungen und zugleich Resultat selbstorganisierender Prozesse. „Therapien zu führen heißt mit Beginn des Prozesses, das im
Klientensystem vorgegebene Tempo, den Rhythmus, die Melodie aufzunehmen und dabei
achtsam zu beobachten, wie das Musikstück interpretiert wird und wer den Taktstock
schwingt" (Rufer, 2012, S. 183), verlangt also eine musikalische Form des Zuhörens
(Dantlgraber, 2008), um die affektive Substruktur im impliziten Beziehungsgeschehen
zu erfassen.

Es sind Metaphern aus den Bereichen Musik und Tanz, welche in der Beschreibung dieses Abstimmungsprozesses auftauchen: sich einstimmen, Erhöhung der Stimmigkeit,
Rhythmus, Resonanz, usw. Bei Stern (2010) findet sich dieser Vergleich der Mutter-Kind-
Interaktion mit dem Tanz, in dem es zu Schrittfehlern kommen kann (S. 164). An anderer Stelle spricht er von einem „Alltags-Pas-de-Deux" (S. 93). Und ähnlich greift Bleckwedel (2008) die Tanz- und Musikmetapher auf, wenn er seiner Überzeugung Ausdruck
verleiht, dass die Vorstellung von Psychotherapie als Technik dem Prozess seine Seele
raube (S. 20): „Therapie ist etwas ganz anderes als die korrekte Aneinanderreihung von
Techniken, so wie der Tanz etwas ganz anderes ist als die angestrengte Ausführung be-
stimmter Schrittfolgen. Die therapeutische Beziehung lebt wie der Tango aus der spontanen gemeinsamen Improvisation, dem *Swing*, der Raum gibt für Authentizität und Überraschung. Jeder einzelne Prozess ist ein neues Wagnis und etwas Besonderes, wie der
einzelne Mensch [...] unverwechselbar" (S. 21). Von diesem Wechselspiel gelernter Tanz-
schritte und gemeinsamen Improvisationen soll noch ausgiebig die Rede sein.

3 Verwundete Heiler und geheilte Verwundete

„There's a crack in everything, that's how the light gets in."
Leonard Cohen, „Anthem"

„Ich kann mir nicht vorstellen, was irgendeinen von uns motivieren würde,
Psychotherapeut zu werden, wenn wir nicht eigene Probleme hätten."
William R. D. Fairbairn[3]

Befasst man sich mit Untersuchungen zu möglichen Wirkfaktoren in der Psychotherapie und mit der Frage, wie viel Outcome-Varianz denn nun dem eigenen oder anderen methodischen Ansätzen geschuldet sei, stößt man immer wieder auf frappant niedrige Prozentangaben: 15 %, 8 % bei manchen sogar nur 4 % und darunter (Wampold, 2001, 2010; Schiepek et al., 2013a). Das gibt zu denken – jahrelange intensive Ausbildung und Vertiefung in einer Methode mit speziellen Techniken, und dann bleiben 4 magere Prozent „Erfolgshonorar"? Andererseits wissen wir, dass therapeutische Beziehung und therapeutische Techniken sowie weitere Personen- und Kontextmerkmale nicht als getrennte Einflussgrößen zu sehen sind, als ein Entweder-Oder, sondern dass wir sie in ihrem *Zusammenwirken* begreifen müssen, wobei es durchaus sein kann, dass sich eine gute therapeutische Beziehung in der Qualität der Intervention(en) zeigt und durch diese auch gefestigt werden kann, und umgekehrt. Das Zusammenwirken von *common* und *specific factors* wird in Band 1 dieser Reihe (Schiepek et al., 2013a, dort Abb. 4, S. 26) illustriert.

Wie die Einflussanteile der Wirkfaktoren methodisch getrennt und unabhängig voneinander quantifiziert werden können, bleibt fragwürdig. Noch rätselhafter scheint es, wenn wir erleben, wie komplex Psychotherapie im stationären Bereich gestaltet ist und wie dabei schulenspezifische Komponenten in den Hintergrund rücken. Wir müssen davon ausgehen, dass die beteiligten Wirkfaktoren in nicht linearer Weise zusammenwirken.

3.1 Das stationäre Setting

Bei der Gestaltung von Therapieprozessen im stationären Rahmen können wir vier in ihrem Zusammenspiel charakteristische Qualitäten unterscheiden:

1. Eine *therapeutische Grundhaltung*, welche von einer Trias aus Sympathie, „haltender Funktion" und technischer Neutralität (Dulz et al., 2000) geprägt ist. Mit der „haltenden Funktion" sind mütterliche Rollen verbunden, die sich im klinischen Alltag in Aspekte wie Containment, der Station als sicheren Ort, dem Bezugspflegesystem oder der Kontinuität der therapeutischen Beziehung spiegeln. Die technische Neutralität hingegen ist mit väterlichen Aspekten assoziiert wie der Hausordnung, Behandlungsverträgen oder dem Thema von Grenzsetzungen. Gemeinsam mit der grundlegenden Sympathie als Drittes werden Räume geschaffen, die eine persönliche Entwicklung ermöglichen. Dabei wird die Selbstwirksamkeit der Patienten gestärkt, wachsam und mit Interesse auf die Patientinnen geblickt, Zeit gegeben, ein professioneller Umgang

---

3 Fairbairn zu Guntrip, zitiert nach Guntrip (1997, S. 677).

mit den eigenen Gefühlen und Gegenübertragungsreaktionen gepflegt, und dem re-
flektierten Handeln der Vorzug gegenüber dem Agieren gegeben. Es handelt sich also
um die explizite Umsetzung der generischen Prinzipien 1 (Stabilitätsbedingungen)
und 6 (Synchronisation der am Therapieprozess beteiligten Personen).

2. Die *therapeutische Beziehung* wird *aktiv* gestaltet, indem wir Kontakt aufnehmen,
   Ressourcen nutzen, Interesse bekunden und nachfragen, sorgfältig Nähe und Distanz
   regulieren und uns auf gemeinsame Realitäten und Erlebnisse beziehen.

3. Wichtig ist ein *gesamttherapeutisches Klima*, an welchem alle Teammitglieder gestal-
   tend mitwirken, welches auch die Organisation der Station in ihren Strukturen und
   Abläufen einbezieht und neben dem Team auch die Patientinnen als aktive, gestaltende Subjekte ansieht. Eine tägliche Herausforderung stellt die Aufrechterhaltung
   dieses förderlichen Milieus dar, die Beachtung der Patientengruppe als heilsamen Faktor, das Zusammenspiel mit der Gruppe der Therapeuten und die permanente Herausforderung, wie in diesem Zusammenspiel auch Modelle der Konfliktbearbeitung angeboten werden können. Für viele unserer Patientinnen ist allein die Tatsache des
   Daseins und Wahrgenommen-Werdens bereits eine essenzielle Erfahrung.

4. Schließlich ist zur Synthese und Integration der verschiedenen therapeutischen Angebote die *Arbeit in Netzwerken* Voraussetzung, wobei nicht nur die Kooperation der
   Therapeuten innerhalb des Teams gemeint ist, sondern auch die Kooperation nach
   außen mit anderen Professionellen, anderen Einrichtungen und Helfersystemen sowie
   mit Angehörigen – in Form von Supervisionen, Intervisionen, Familiengesprächen
   oder Helferkonferenzen.

Positive Therapieverläufe sind auf das Gelingen dieser komplexen Gestaltung von Therapieprozessen, dieses fein verwobenen Netzwerks aller Beteiligten, von therapeutischen
Angeboten und Gruppen angewiesen. In manchen Fällen wird dies von Patientinnen bewusst wahrgenommen und geschätzt: sie berichten uns, wie sehr es Sicherheit gebe, wenn
sie uns als informiert, in gutem Austausch untereinander und abgestimmt in den Haltungen erleben.

Wenn wir Patientinnen gegen Ende einer aus ihrer und unserer Sicht erfolgreichen Therapie fragen, was denn geholfen habe, was zu einer entscheidenden Wende geführt habe,
so kommen oft überraschende Antworten:

– „Mir hat die Klettergruppe geholfen!" – an der nach klarer Indikationsstellung nur
  wenige Patienten teilnehmen und die aus therapeutischer Sicht nicht unbedingt im
  Vordergrund steht – eine daher etwas ernüchternde Antwort, schließlich war da großes Bemühen von uns allen, und dann soll es (nur) die Klettergruppe gewesen sein …

– Sehr oft hören wir: „Alles hat irgendwie geholfen" – und es kommt eine Auflistung
  des therapeutischen Programms wie in einem Warenkorb.

– Die Antwort einer anderen Patientin, für mich (H. K.) als Psychodramatiker schon
  etwas schmeichelhafter: Ein einzelner Moment sei es gewesen, als sie in einem Auf-
  wärmspiel in der Psychodramagruppe in die Rolle eines Kindes gehen konnte – wieder Lebendigkeit und Energie zu spüren habe einen Wendepunkt dargestellt.

– Sehr oft ist es der einfache Verweis auf die erlebte Zugehörigkeit zur Gemeinschaft:
  „Da waren auch andere (gemeint sind vor allem die Mitpatienten) da", bzw. auf das
  gesamte Team bezogen: „Ihr wart alle so nett!" (nicht selten mit dem Zusatz: „… und
  das habe ich noch nie erlebt!" (vgl. Strauß, 2010, S. 133).

Zu solchen Aussagen passen die Forschungsbefunde zu *significant events* in der Psychotherapie (Timulak, 2010), welche deutlich machen, dass die „Heilungsnarrative" von Therapeuten und Klienten selten übereinstimmen. Wir sollten daher berücksichtigen, dass wir
nur aus unserer eigenen, sehr subjektiven Perspektive erfassen und konstruieren können,
was den Patientinnen geholfen hat oder helfen könnte, auch wenn wir wie hier unser Team
und unsere Arbeit im Team beschreiben. Für den nächsten Schritt beziehen wir uns dabei
auf die griechische Mythologie und die Geschichte von Hephaistos.

3.2 Der Mythos von Hephaistos

Hephaistos kam als Sohn von Zeus und Hera zur Welt. Da er klein, hässlich und schrei-
end war, schleuderte ihn seine Mutter vom Olymp ins Meer – seither war er auch lahm.
Im Ozean wurde er von den Nymphen Thetis und Eurynome gerettet, gesund gepflegt
und aufgezogen. Er entwickelte ungeahnte Talente als Goldschmied, schuf Waffen für
Achilles, den goldenen Wagen für Helios, für Eros die schnellfliegenden Pfeile, den Brust-
panzer für die Kriegsgöttin Athene und die schönste aller Göttinnen, Aphrodite, wurde
seine Frau. Eine antike Resilienz- und Erfolgsgeschichte: Erfolg durch die Bewältigung
von Krisen, durch das Meistern immer neuer Herausforderungen und durch Kreativität.
Hephaistos ist aber auch ein Gott der Heilkunst – so wie Chiron (auch ein Ausgestoße-
ner) und wie Asklepios. Seine Lahmheit können wir als Manifestation der Ur-Wunde
sehen – die Ablehnung durch die eigene Mutter ist die wirkliche Verletzung, es ist also
eine „mütterliche Wunde". Das Wasser, in welches er eintaucht (ins Unbewusste, Ver-
drängte) schenkt ihm das Leben und stellt neue Mütterlichkeit zur Verfügung, verbunden mit Emotionalität, Fantasie und Kreativität.

Gathmann und Semrau-Lininger, die in ihrem Buch „Der verwundete Arzt" (1996) ein Psychogramm des Heilberufs zeichnen, formulieren es so: „Der verstoßene Gott findet in der
Rekonstruktion der mütterlichen Geborgenheit oder Ur-Situation eine Möglichkeit der Heilung. […] Hier in den Tiefen begegnet er nach seinem Sturz aus der Höhe seiner eigenen
inneren Wahrheit. Er lehnt sich gegen seine Verkrüppelung nicht auf. Und so finden wir in
der Gestalt des hinkenden Gottes ein Bild der Wandlung des Schicksals durch Annahme.
Denn Hephaistos ist ein Schaffender geworden: Er schafft Schönheit durch seine Kunst
und bringt dadurch wieder Heiles in die Welt" (S. 103 f.). An anderer Stelle heißt es: „Der
Weg der Heilung geht über die Wunde. Immer. Und trotzdem wenden wir viel Energie darauf an, mit der Wunde – unserer Wunde – nicht in Berührung zu kommen" (S. 88 f.).

Körperliches und psychisches Leid – so das Verständnis – sind lediglich verschiedene
Manifestationen von Krankheit, d. h. Ausdruck eines ursprünglichen Dilemmas, einer
Ur-Wunde, welche wir in uns tragen (S. 33). Wunden verstecken und verbergen wir doch
lieber, zumal in einer Zeit wie der heutigen, die so viel Wert auf Schein und Verpackung
legt. Sofern ich sie überhaupt zu spüren gelernt habe, sollte ich sie besser verschweigen,
schließlich stehen Ansehen, Prestige oder Karriere auf dem Spiel, so sagt uns der innere
PR-Berater. Wenn wir sie nicht zu spüren gelernt haben, sondern als etwas Bedrohliches
in uns wahrnehmen, dann projizieren wir sie auf unser Gegenüber, auch auf unsere Patientinnen. „Das Krankhafte kann nicht einfach wie ein Fremdkörper beseitigt werden,
ohne dass man Gefahr läuft, zugleich etwas Wesentliches, das auch leben sollte, zu zer-

stören. Unsere Aufgabe besteht nicht darin, es zu vernichten, sondern wir sollten vielmehr das, was wachsen will, hegen und pflegen, bis es schließlich seine Rolle in der Ganzheit der Seele spielen kann" (C. G. Jung, zit. nach Frick, 2009, S. 54).

Die Akzeptanz des Schattenbereichs ist also eine der größten Herausforderungen in unserer lebenslangen seelischen Entwicklung. Es geht um den Anschluss an unsere Lebendigkeit und letztlich um unsere Liebesfähigkeit. Mit der Haltung von „Ich Arzt/Therapeut/Pfleger – Du krank" ist der eigene kranke Anteil vorerst nach außen verlagert und man kann sich frei davon glauben – nicht ich bedarf der Heilung, sondern mein Gegenüber. Es ist immer einfacher, sich mit der Störung der anderen zu befassen als mit der eigenen Kränklichkeit, mit dem Ungesunden der eigenen Seele.

In der Beziehung zwischen Therapeutin und Klientin werden Situationen und Szenen aus beider Kindheit wach, in der Umkehr der Rollen kann es auch heißen: „Ich krank – Du Therapeut". Eine solche Verstrickung kann den Charakter einer Komplizenschaft annehmen, indem beide einander in Nachsicht bei der Verdrängung helfen – sie üben sich im Wegschauen und kooperieren beim Verschweigen. Beide projizieren Bilder in und auf den anderen, und nichts ist hier geeigneter als der weiße ärztliche Mantel, um die emotionsgeladenen Bilder aufzunehmen. „Der Mediziner wird zum Leinwandhelden (gemacht): Ritter im Kampf gegen das Böse, die Krankheit, den Tod" (Gathmann & Semrau-Lininger, 1996, S. 22). So wie wir uns selbst oft erst durch die Spiegelung im Außen erkennen, so zeigen uns Patientinnen auch die Anteile auf, welche wir selbst nicht gerne wahr haben wollen.

Frick, der sich ebenfalls mit dem Heilungsarchetyp befasst hat, bezieht sich auf die Psychodramatikerin Gretel Leutz, welche die Intervention des psychodramatisch-kollegialen Bündnisses entwickelte, wobei der Patient in der Rolle des eigenen Arztes interviewt wird und es zu einer „therapeutischen Konferenz" zwischen dem „inneren Heiler" und dem „äußeren Therapeuten" kommt: „Der *innere Heiler* muss mit dem äußeren Arzt in Kontakt kommen, damit Heilung geschieht. Am Ende trennen sich ein verwundeter Heiler und ein geheilter Verwundeter, die ihre Schatten nicht mehr verdrängen oder gegenseitig projizieren müssen" (Frick, 1996, S. 151).

3.3 Der Heilermythos in der Kunst

Interessant, dass diese Sicht auch in der Philosophie und der Kunst aufgegriffen wurde. So betitelt der Laibacher Philosoph Slavoj Žižek ein Buch mit: „Liebe Dein Symptom wie Dich selbst". In einer radikalen Ineinssetzung von Kunst, Schmerz, Politik und Leben realisierte Joseph Beuys im Jahr 1974 eine Rauminstallation mit dem pathetisch formulierten Titel: *„Zeige Deine Wunde"* (vgl. Abb. 3). Darin beschäftigt er sich mit Krankheit, Leid, Alter und Vergänglichkeit und lenkt unseren Blick gerade dorthin, wo es weh tut, kränkend oder beschämend ist, dorthin, wo es nichts zum Vorzeigen oder Imponieren gibt. In einem Interview bekräftigte er, dass die schonungslose Auskunft über eine Krankheit die Bedingung dafür ist, sie heilen zu können: „Eine Wunde, die man zeigt, kann geheilt werden".

In erster Linie führt Leid zu *Auseinandersetzung*, im zweiten Schritt zu *Veränderung*. Ein ins Licht getriebenes Gespenst verliert seinen Schrecken. Das sehen wir immer wieder,

Abbildung 3: „Zeige deine Wunde". Installation von Joseph Beuys (© VG Bild-Kunst, Bonn 2014).

wenn wir im Psychodrama unsere Patientinnen mit den inneren Gespenstern konfrontieren. Wenn wir sie z. B. ihre Ängste in symbolischer Form auf einen Sessel gegenüber platzieren lassen, mit dem Symptom in einen Dialog treten und auch einen Rollenwechsel vornehmen lassen, so ist es erstaunlich, wie schnell es so möglich wird, durch den Perspektivenwechsel Mitgefühl für das verängstigte innere Kind zu bekommen und eine fürsorgliche Haltung sich selbst gegenüber einzunehmen. Ähnliche Techniken beschreibt Grossmann (2014) in Band 3 dieser Reihe für die „systemische Einzeltherapie".

Sicher haben Scham und schamhaftes Verbergen eine Schutzfunktion; sie sind ein Korrektiv vor dem Exhibitionistischen. Aber das „Zeigen der Wunde", das Aussprechen und Sich-Anvertrauen ist oft der Anfang eines therapeutischen Prozesses, stellt Beziehung her und befreit aus der Isolation. Man muss nicht mehr schamhaft den Kopf senken, um nicht gesehen zu werden. Wer sich mit seiner Lebenswunde anderen Menschen anvertrauen kann, zapft nicht selten Ressourcen an, die einen Hoffnungs- und Heilungsprozess anstoßen. Zudem wird durch den Mut, die Wunde zu zeigen, nicht selten auch anderen Menschen ein Zugang zu ihren eigenen Lebenswunden und Lebensthemen eröffnet. In Psychodramagruppen ist dies ein wesentlicher Teil: sich öffnen können, sich zeigen, sich mit-teilen, Feedback geben und bekommen. Das stärkt die Einzelnen, das stärkt den Zusammenhalt der Gruppe und realisiert die drei wichtigsten Wirkfaktoren in der Gruppentherapie: Kohäsion, Feedback und Universalität des Leidens.

3.4 Die integrative Kraft des Teams

Die hier skizzierte Haltung entspricht auch unserer Haltung im Team und im gegenseitigen Umgang. Wenn wir unsere Schatten nicht mehr auf andere projizieren müssen und einen Bezug zu unserer eigenen Begrenztheit haben, eröffnen wir damit Entwicklungsräume für unsere Patientinnen. Dasselbe gilt auch für den Umgang miteinander im Team: dies darf nicht missverstanden werden als eine Inszenierung von Selbstoffenbarung, aber die aufrichtige Begegnung innerhalb des Teams ist eine Voraussetzung dafür, dass sich auch für uns Entwicklungsräume öffnen. Hier sind wir aufeinander angewiesen, unabhängig davon, ob wir Anfänger oder altgedient sind, unabhängig von Alter und Erfahrung. Es geht darum, ein Klima zu schaffen, welches uns erlaubt, unsere Masken abzulegen. Umgekehrt können teamimmanente Konflikte die Gruppe so weit absorbieren, dass Behandlungen darunter leiden. Die Beziehungsdynamik zwischen den Gruppen der Patienten und des Teams läuft eben nicht nur im Sinne einer Spiegelung ab (Strauß & Mattke, 2001, S. 229), so als ob Konflikte auf Patientenseite sich bei uns wie auf einer Leinwand spiegeln würden. Wir ringen um ähnliche universelle menschliche Konflikte und, wie Mitchell (2003) meint, können sich diese inneren Welten ineinander verheddern.

In der Psychotherapie, gleich welcher Schule, geht es um die Fähigkeit zur Empathie, doch scheint dieser Begriff etwas einseitig. Moreno hat, um dessen Wechselseitigkeit hervorzuheben, den sperrigen Begriff der „Zweifühlung" eingeführt. Wir schlagen einen musikalischen Begriff vor: *Resonanz*. Das Team als Gesamtes ist wie ein Resonanzkörper und Teamentwicklung bedeutet Entwicklung von Resonanzfähigkeit. Schiepek (2009, S. 279) spricht im Sinne der generischen Prinzipien selbstorganisierender Systeme von der gelingenden Selbstorganisation des Entwicklungsprozesses zwischen Klientin und Therapeutin durch Synchronisations- und Resonanzprozesse (generisches Prinzip 8). „An die Stelle einer Fokussierung auf Interventionen tritt eine Fokussierung auf Resonanzen und Synchronisationsprozesse im Beziehungs- und Bindungssystem." (Rufer, 2012, S. 72).

Ein zentrales Thema unserer Patienten ist das Sich-Zeigen, das Gesehen-Werden, das Angenommen-Werden. Es geht um das „Wahr"genommen-Werden im ursprünglichen Sinne und Resonanzfähigkeit ist die Bedingung dafür, dass diese frühen Prozesse des Affekt-Spiegelns gelingen. Nur wenn wir bei uns selbst hinschauen, gelingt dies auch unseren Patienten. In diesem wechselseitigen Mentalisierungsprozess sind wir als gesamtes Team gefragt, ein Gegenüber zu sein und in markierter und kontingenter Form Feedback zu geben, wobei ein markiertes Feedback die Intensität der Affekte reguliert und kontingentes Feedback eine adäquate Zuschreibung von Kontext und Bedeutung erlaubt (Bolm, 2009, S. 38 ff.; Gergely & Unoka, 2011, S. 878 ff.). Patientinnen brauchen ein stabiles Gegenüber, um sich selbst zu vergewissern. Ottomeyer formuliert es, indem er aus einer Komödie von Shakespeare zitiert: „Wir alle brauchen Wesen und Erfahrungen, ‚die fühlbar mir bezeugen, wer ich bin'" (2011, S. 200), da ansonsten Entleerung und Fragmentierung drohe. Erst die Generalisierung dieser Erfahrungen führt zu stabilen Erwartungen in Bezug auf sich selbst und die Welt.

Neben der Resonanzfähigkeit bedarf es für ein Team auch der Fähigkeit zum „Containment". Das Leiden an Ängsten und Beschwerden, so Bion, stelle eine „giftige Absurdität" dar – diese könne im Halt gebenden Raum einer therapeutischen Beziehung „entgiftet" werden. Bion hat hierfür den Begriff des *Containment* geprägt: sich zu enthalten und gleichzeitig ein Gefäß für unerträgliche Spannungen und heftige Emotionen bereit zu stellen (Kennel, 2012). Diese Funktion des Containments fällt nicht nur den Therapeutinnen im Einzelsetting zu, sondern ist auch vornehme Aufgabe des gesamten Teams, was einen hohen Grad an Integration und Bezogenheit voraussetzt.

Fallbeispiel: Handeln statt Agieren

Herr Z. ist ein junger Mann im Alter von 28 Jahren, für den es Zeit würde, sein Leben in die Hand zu nehmen – aber er lässt es an sich vorbeiziehen. Er träumt von einem Studium, obwohl noch nicht einmal die Abend-Matura/Abitur angepackt ist, und er kennt Phasen des übermäßigen Alkoholkonsums. Wenn er den Versuch des selbstständigen Wohnens unabhängig von seiner Mutter macht, versinkt er im eigenen Müll, bis die schuldgefühlbeladene Mutter ihn aus dem Chaos rettet und er sich beschämt wieder mit seiner eigenen Unfähigkeit konfrontiert sieht. Auf der Station ist er unauffällig und es gelingt ihm, wir wissen nicht wie, sich immer wieder wie unsichtbar zu machen.

Unser anfängliches Wohlwollen scheint begrenzt; er beginnt immer mehr auszuweichen, wird immer unverbindlicher und im Team mehren sich Äußerungen über Ärger und Ungeduld. Die behandelnde Ärztin, die am stärksten das Gefühl des Ärgers bei sich verspürt, ermuntern wir im Rahmen einer ausführlichen Besprechung der Psychodynamik des Patienten im Team, zu dieser Emotion in der Begegnung mit Herrn Z. auch zu stehen. Kurz darauf kommt es bei einer zufälligen Begegnung der beiden im Zimmer des Patienten zu einer kurzen Auseinandersetzung, bei der sie ihm unmissverständlich klar macht, wie sehr sie seine Schlamperei, seine Passivität und sein Ausweichen nerve und dass sie von ihm erwarte, Verantwortung zu übernehmen. Eine weitere Diskussion lässt sie nicht zu.

Die nächsten Tage erleben wir Herrn Z. wie ausgewechselt. In der Psychodramagruppe beteiligt er sich aktiv, wählt in einem Stegreifspiel („Die Gruppe macht eine Schiffsreise") die Rolle eines wohlhabenden alten Mannes, der versucht, junge attraktive Damen mit Geld zu erobern. Dass er bei diesem etwas plumpen Vorgehen Zurückweisungen einstecken muss, hindert ihn nicht weiter, sein Ziel zu verfolgen – diese Rolle ermöglicht ihm, Zugang zu seinen Wünschen zu finden, Lustvolles in einer Auseinandersetzung zu erleben und auch hartnäckig ein Ziel zu verfolgen.

Die kurze Konfrontation und das darauf folgende Rollenspiel führen eine Wende herbei. In dieser Begegnung mit der Ärztin ist ein Jetzt-Moment zu einem Gegenwartsmoment geworden, ist ihm wohl seine eigene Aggression bzw. die Vermeidung derselben vor Augen geführt worden, und so kann er diese wieder zu sich nehmen. „Die Begegnung ist unvorbereitet, nicht strukturiert, nicht geplant, ungeprobt – sie findet unter der Ägide des Augenblicks statt. Sie ist ‚im Augenblick' und ‚im Hier', ‚im Jetzt'" (Moreno, 1956, zit. n. Hutter & Schwehm, 2012, S. 193). Auch wenn diese Konfrontation nicht vorbereitet und geplant war, so führten doch „relationale Schritte" (Stern, 2010, S. 160) zu diesem Begegnungsmoment und sie war getragen von einem unterstützenden Team. Kein Hüftschuss, bei dem allzu schnell auch Entwertung oder Ablehnung mitschwingen könnte, also kein Agieren aus einer momentanen Gefühlslage heraus, sondern ein Handeln aus einer professionellen Haltung. Das Team hilft, in eine Eindeutigkeit und Rollenklarheit zu kommen. Der Ärger der Ärztin war bereinigt von möglichen Vorwürfen, Entwertungen, Schuldgefühlen, von Zweifeln, die hier sehr leicht mitschwingen könnten. Für eine aufrichtige Begegnung braucht es die wahrhaften Emotionen.

Fallbeispiel: Die Angst vor dem Zusammenbruch

Frau X., Akademikerin, 39 Jahre, wurde seit mehr als einem Jahr durch verschiedene Lebensereignisse aus ihrem sehr erfolgreichen Berufsleben herauskatapultiert. Nach mehreren Therapieversuchen, auch einem Klinikaufenthalt, hatte sie sich an unsere Station gewandt. Sie wurde auf uns durch das Internet aufmerksam und wir seien die letzte Hoffnung.

Eine Salmonellenvergiftung und eine Lungenentzündung kurz vor der Aufnahme hatten sie körperlich so geschwächt, dass ihre panikartigen Zustände, Ängste vor dem Alleinsein, ihre Zukunftsängste und die depressive Symptomatik bereits bei der Aufnahme und auch bis weit in die Behandlung hinein ins Hochdramatische gesteigert waren. So führt die körperliche Schwächung auch zu einer extremen Kälteempfindlichkeit. Diese hat zur Konsequenz, dass sie zu anderen Therapien kaum aus dem Haus gehen kann, sie deckt sich mit einer Schicht aus bis zu fünf Decken zu, die Fenster im Schlafraum müssen nachts geschlossen bleiben, was mit den Mitpatientinnen, die lüften möchten, zu Konflikten führt und Ablehnung provoziert. Das Team erlebt Frau X. als bestimmend, manipulierend und wenig zugänglich. Sich ihr wertschätzend zu nähern und Verständnis für die vielen Sonderwünsche aufzubringen wird für viele im Team immer schwieriger, die notwendige haltende Beziehung, die Raum für Entwicklung schaffen würde, ist kaum herstellbar, an Gelassenheit ist nicht zu denken.

Eine entscheidende Wende kommt erst nach einigen Wochen: Die Mutter der Patientin sucht den Kontakt zur Station, da sie mit der erwachsenen Tochter, die in der Krise ins Elternhaus zurückgekehrt war, nicht mehr zurechtkomme und den depressiven Einbrüchen, den Ängsten und dem kontrollierenden Verhalten hilflos gegenüber stehe. In diesem Angehörigengespräch kommt sie gegen Ende der Stunde eher zufällig, für sie also nicht erwähnenswert, darauf zu sprechen, dass die Tochter nicht ihre leibliche sei. Auf Nachfragen berichtet sie dann folgende Geschichte: Bis zur Adoption im 6. Lebensmonat sei die Tochter in einem Säuglingsheim gewesen, mit extremen Entbehrungen. Starker Personalmangel hätte dort dazu geführt, dass die Babys wenig versorgt wurden und kaum Zuwendung erfahren haben. Zum Füttern seien sie nicht aus den Bettchen genommen, sondern die Fläschchen einfach ans Gitterbett gebunden worden.

Diese überraschende Wendung im Gespräch mit der Mutter bringt eine Wendung in der Behandlung. Allein dieses Bild des entbehrenden Säuglings hat im Team zu einer Veränderung der Wahrnehmung gegenüber Frau X. geführt, eine angespannte und teilweise gereizte Stimmung hat einem starken Mitgefühl Platz gemacht und damit wieder eine Brücke zu ihr geschlagen. Im Sinne des Containments ist es im Verlauf der nächsten Wochen möglich, mehr dieser „giftigen Absurditäten" aufzunehmen und durch das Haltgeben im Containen zu entgiften. Es muss nicht direkt (explizit) in Worte gefasst werden, sondern hier kann (implizit) einfach etwas passieren (Lempa, 2012). Eine spürbare Beruhigung ist eingetreten. Die panikartigen Zustände sind als eine „Angst vor dem drohenden Zusammenbruch" (Winnicott, 1991) verstehbar geworden. Diesen drohenden Zusammenbruch hatte unsere Patientin als Säugling traumatisch *erlitten*, er konnte aber aufgrund der fehlenden Ich-Organisation noch nicht *erlebt* werden.

Winnicott stellt folgende Frage: „Warum ist der Patient gegenwärtig so beunruhigt durch etwas, was der Vergangenheit angehört? Die Antwort kann nur lauten, dass die ursprüngliche Erfahrung der primitiven Seelenqualen nicht in die Vergangenheit gelangen kann, wenn das Ich sie nicht zuerst in seine eigene gegenwärtige Erfahrung aufnehmen und unter omnipotente Kontrolle bringen kann (indem es die stützende Funktion des Hilfs-Ichs der Mutter [des Analytikers] annimmt)" (Winnicott, 1991, S. 112 f.). Im hier beschriebenen Fall ist das gesamte Team und darüber hinaus die Station zu diesem Hilfs-Ich geworden. Erst als diese Seelenqualen zu einem Gegenstand im Hier und Jetzt und in der Übertragung zu uns re-inszeniert werden, kann sie Frau X. erstmals *erleben* und mit uns korrigierende Erfahrungen machen. In den folgenden Wochen der Behandlung thematisiert sie selbst diese Ur-Wunde. Langsam beginnt sie, Mitgefühl für das verlassene Baby in ihr zu entwickeln und Rituale der Fürsorge einzuüben.

Wenn die therapeutische Beziehung ein sehr wirksames Mittel in der Behandlung ist, so besteht unsere Hauptaufgabe darin, sie gemeinsam durch das gesamte Team zu fördern und zu gestalten. Sympathie ist dafür eine wichtige Voraussetzung (Dulz et al., 2000), nicht zuletzt um die Belastungen auszuhalten. In seinem klinischen Tagebuch von 1932 notiert Ferenczi: „Ohne Sympathie keine Heilung. (Höchstens Einsichten in die Genese des Leidens). [...] Alleinsein führt zur Spaltung. Dasein von Jemand, mit dem man Freud und Leid teilen und mitteilen kann (Liebe und Verständnis) *heilt* das Trauma" (1988, S. 265). Sympathie ermöglicht uns eine Haltung, mit der wir Wertschätzung und Respekt gegenüber den Patienten aufbringen und in Resonanzbereitschaft kommen können. Dies gilt auch für den gemeinsamen Umgang im Team: wenn ein Zusammenwirken in diesem Sinne gelingt, kann das Team zu einem Ort werden, an dem persönliches Wachstum und Gesundheit gefördert werden. Dieser damit verbundene Anerkennungsprozess stellt die Basis für eine gesunde Identität und ein gesundes Selbstbewusstsein dar und kann nur als ein wechselseitiger gelingen (Daser, 2003, 2005), sowohl mit den Patientinnen als auch innerhalb des Teams.

Körperliches, seelisches und geistiges Wohlbefinden sind immer auch mit Sinnesfreuden und ästhetischen Reizen verbunden. Durch einen bewussten Umgang mit kulturellen und ästhetischen Aspekten in der Gestaltung und Organisation der Lebens- und Arbeitswelt Krankenhaus können wir uns bewusst werden, was an Musischem, Kreativem und Lebendigkeit in uns steckt (Kronberger, 2009). Konkret gehört für uns dazu eine Ausstattung der Räumlichkeiten mit ansprechenden Farben, Materialien und Bildern. Wechselnde Ausstellungen (z. B. Fotos) sind dabei genauso wichtig wie die Veranstaltung von Konzerten mit Künstlern von draußen oder durch die musiktherapeutische Gruppe unserer Station. Wenn wir im Team Geburtstage oder andere anlassbezogene Feste feiern, so entwickeln die Patientinnen ihrerseits Rituale und verstehen es, aus eigener Initiative Abschiede zu feiern oder Video-, Tanz- oder Spielabende zu veranstalten. In diesem umfassenderen Sinn verstehen wir unsere therapeutische Arbeit als Kulturarbeit, sie ermöglicht die Rückgewinnung von Selbstsorge, ein „Auf-sich-selbst-Achten", „Sich-um-sich-selbst-Kümmern", und trägt zur Entwicklung eines Lebensstils bei, der von Ästhetik und Selbstverantwortung bestimmt ist, und der Vorstellungen von Lebenskunst als „permanenter Kreation unserer selbst" (Schmid, 2000) entspricht.

Die so entscheidende Resonanzfähigkeit für unsere Patientinnen und füreinander erreichen wir nur über den Anschluss an unsere Lebendigkeit und Liebesfähigkeit, und das Annehmen des eigenen Verletztseins ist oft der Prüfstein dafür.

4 Organisation und Kommunikation gelebter stationärer Psychotherapie

*„Jede Kommunikation hat einen Inhalts- und einen Beziehungsaspekt,
wobei Letzterer den Ersteren bestimmt."*
Paul Watzlawick

Das klassische Setting der Psychotherapie, Patient – Therapeut, wird im Konzept der stationären Psychotherapie auf die Sozietät der Station erweitert. Erst in diesem Szenario werden viele Elemente problematischer Kognitions-Emotions-Verhaltensmuster sichtbar, therapeutisch zugänglich und veränderbar. Stationäre Psychotherapie erfasst die Station als Bühne, welche den Patienten die Möglichkeit gibt, ihre zentralen Beziehungskonflikte zu re-inszenieren. Konflikthafte Innenwelten werden dabei nicht nur über therapeutische Gespräche zugänglich, sondern auch über das Handeln szenisch sichtbar. Bedürfnisse und Wünsche entfalten sich in Interaktionen und werden im Gruppengeschehen veränderbar. Patienten verlassen ihre dysfunktionalen Verhaltensmuster, formulieren neue Antworten und erproben diese im Stationskontext.

Alle am therapeutischen Prozess beteiligten Teammitglieder tragen dazu ihre Beobachtungen, Erfahrungen, Gefühle und Gegenübertragungsreaktionen bei und koordinieren ihr therapeutisches Vorgehen. Rollen und Aufgaben innerhalb des behandelnden Teams werden differenziert und klar zugeteilt. Zusammenführung, Interpretation und Bearbeitung der sich darstellenden Szenen fallen somit dem gesamten Team zu und sind nicht allein an die Einzel- und Gruppentherapie gebunden. Durch die teamorientierte Zusammenarbeit wird das zusammengefügt, was Patienten trennen oder abspalten, das Team übernimmt hier eine wichtige Hilfs-Ich-Funktion. Die Qualität von Kooperation und Information innerhalb des Teams und die klare Regelung von Verantwortlichkeiten bestimmen die Qualität der therapeutischen Arbeit. Wichtige organisatorische Rahmenbedingungen dafür sind die klaren Grenzen der Therapieräume sowie das Bezugstherapeuten- und das Bezugspflegesystem. Voraussetzung ist auch ein therapeutisches Klima, welches die Organisation der Station in ihren Strukturen und Abläufen einbezieht und sowohl Team wie Patienten als gestaltende Elemente ansieht.

Ausgehend von einer psychodynamisch orientierten Diagnostik ist ein individualisierter, patientenbezogener Behandlungsplan für die Arbeitsweise stationärer Psychotherapie charakteristisch, der einer ständigen Evaluation unterzogen wird. Die Behandlungsangebote richten sich primär nach dem Störungsbild und beinhalten allgemeine und störungsspezifische Anteile, z. B. Skills-Gruppen zur Emotionskontrolle bei Borderline-Störungen, eine verhaltenstherapeutische Gruppe bei Zwangsstörungen, eine Imaginationsgruppe bei Traumafolgestörungen, usw. Das Setting selbst, vollstationär oder tagesklinisch, hat keinen direkten Einfluss auf das spezifische therapeutische Angebot. Voraussetzungen für eine suffiziente Behandlung sind Motivation, Eigenverantwortung, Krankheits- und Behandlungseinsicht sowie Introspektions-, Reflexions- und Verbalisierungsfähigkeit. All diese Faktoren sind auch wiederkehrende Themen in den unterschiedlichen therapeutischen Interventionen. Ziel der Behandlung ist die Stärkung von Identität und Persönlichkeit durch die Entwicklung von Selbstverantwortung, Selbstwirksamkeit und Selbstkontrolle. Damit soll eine nachhaltige Besserung des psychischen Befindens erreicht werden. Unter Nutzung aller Fähigkeiten und Ressourcen werden neue Lebensperspektiven entwickelt und die Reintegration im beruflichen und sozialen Alltag gefördert.

Diese therapeutischen Zielsetzungen setzen organisatorische und kommunikative Ressourcen voraus, die zu einem Wechselspiel mit therapeutischen Interventionen im Einzel- und Gruppensetting führen. Eine entscheidende Komponente ist dabei die berufsgruppenübergreifende Kommunikation und Organisation des multiprofessionellen Teams. Damit können die Möglichkeiten einer Therapiestation, verstanden als Ort oder Bühne der unterschiedlichsten Begegnungsformen, optimal im Sinne einer erfolgreichen Behandlung zusammenwirken.

Wichtig für die Qualität der Behandlung ist neben der individuellen psychotherapeutischen Kompetenz die Fähigkeit, sich als Teil eines Teams zu sehen, sich in dieses zu integrieren und als Katalysator eines Gesamtprozesses zu wirken. Dies ist eine wesentliche Voraussetzung für den kontinuierlichen Informationstransfer im Behandlungsteam und ermöglicht die therapeutische Transformation von Problemverhalten auf individueller und kollektiver Ebene. Dies setzt die Bereitschaft der Therapeuten voraus, sich nicht getrennt von der Patientengruppe zu sehen, sondern vielmehr sich selbst als Mitglied einer Gesamt-Sozietät zu erleben und zu reflektieren.

Übertragung und Gegenübertragungsanalysen sind fortlaufende Strategien einer permanenten Prozessbegleitung. Die Kunst liegt im Mitlesen der impliziten Information, die im aufeinander bezogenen Verhalten der Handelnden enthalten ist. Ähnlich dem Konzept der *Control-Mastery-Theorie* (Silberschatz, 2005; Weiss & Sampson, 1986) ermöglicht die unbewusste Wiederholung früher Bindungsschemata die Korrekturerfahrung im Hier und Jetzt. Das Aufdecken z. B. von dysfunktionalem Vermeidungsverhalten führt unausweichlich in Konflikte auf Individual- und Gruppenebene und schafft gleichzeitig Freiraum für neue Lösungsmöglichkeiten und Verhaltensänderungen. So ermöglicht das komplexe System stationärer Psychotherapie ein Probehandeln unter realen emotionalen Bedingungen, welches wie ein virtueller Kosmos einen Neustart des Systems mit korrigierten Parametern zulässt. Dabei haben sich Methoden wie eine versuchsweise Rollenübernahme und das Probehandeln in diesen neuen Rollen bewährt.

Die dafür notwendige Organisation interner Abläufe benötigt eine klare Definition von Kommunikationsflüssen (Inhalt und Weg: mündlich, schriftlich, per E-Mail, über krankenhausspezifische EDV-Systeme), der Besprechungsorganisation (wann, wie oft, wer nimmt Teil, was wird besprochen [patientenbezogen – prozessbezogen – organisatorisch], wie und wo wird verbindlich dokumentiert), der Entscheidungsgremien (Leiter, Teamleitungen, Pflegeleitung) und der Entscheidungsträger am Patienten (Behandlungsverantwortliche).

Zu einem wesentlichen Informationsmittel und damit integralem Kommunikationsinstrument wurde seit der Einführung im Mai 2007 auch unser internetbasiertes Therapiemonitoring (Synergetisches Navigationssystem, SNS). Patienten erhalten dadurch die Möglichkeit, tagesaktuell auf verschiedenen Komplexitätsebenen (Einzelitems, Faktoren, Kommentarfelder) in Kontakt mit ihrem Therapeuten zu treten. Ein Beispiel dafür ist der aus mehreren Einzelitems zusammengesetzte Faktor „Therapeutische Fortschritte/ Zuversicht/Selbstwirksamkeit" (vgl. Abb. 4). Dieser ermöglicht eine Therapiesteuerung auf individueller Patientenebene direkt durch den Therapeuten. Das frühzeitige Erkennen eines fehlenden Therapieerfolgs kann so unmittelbar zur Analyse möglicher Störfaktoren des therapeutischen Prozesses führen (Patienten-, Therapeuten-, Systemvariablen; Lambert et al., 2005). Das SNS wird dadurch zu einem validen Instrument der Outcome-Messung und des Controllings von Therapieprozessen. Controlling hat in diesem Sinne eine Koordinationsfunktion, die Informationen verschiedener Teilbereiche zusammenführt und am Gesamtziel orientierend zu Veränderungen des Therapieplans führen kann. Zusätzlich lassen sich durch signifikante Veränderungen im Therapieverlauf (kritische Instabilitäten und Ordnungsübergänge) zeitliche Fenster für therapeutische Interventionen definieren.

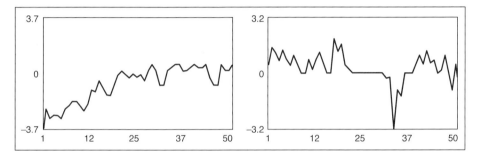

Abbildung 4: Verlauf von Faktor I „Therapeutische Fortschritte/Zuversicht/Selbstwirksamkeit" des Therapie-Prozessbogens (TPB, Haken & Schiepek, 2010, S. 363 ff.). Links ein Verlauf über 51 Tage mit deutlichen Veränderungen, rechts ein Verlauf über ebenfalls 51 Tage, der noch keinen signifikanten therapeutischen Fortschritt erkennen lässt.

Nachdem dieses therapeutische Konzept nicht von Umgebungsbedingungen zu lösen ist, geht der Diskurs einer therapeutischen Intervention oft weit über die eigentlich Beteiligten (Patient – Therapeut) hinaus. Das System stationärer Psychotherapie muss daher auch im Kontext gesundheitspolitischer, wirtschaftlicher, strukturell-organisatorischer und versicherungstechnischer Faktoren gesehen werden. In diesen Themenkreis fällt insbesondere auch die Frage der Aufenthaltsdauer. Viele Einrichtungen sehen sich einer an Kosteneffizienz orientierten Nivellierung der Aufenthaltsdauer (häufig 6 Wochen) ausgesetzt. Wir sehen in den von uns angebotenen 12 bis 16 Wochen aber die Voraussetzung, therapeutische Veränderungsprozesse anzustoßen, die bereits durch eine stationäre Übungsphase ausreichend Stabilität für den Alltagsraum erreicht haben. Lernprozesse ohne entsprechendes Üben sind nicht von Dauer. Wiederaufnahmen zur weiteren Konsolidierung sind nach ca. einem Jahr möglich. Diese „Boosterphasen" können oft auch in kürzerer Zeit (ca. 6 bis 8 Wochen) absolviert werden. Gerade mit Krankenversicherungsträgern sind diesbezüglich immer wieder kontroverse Diskussionen zu führen. Meist gelingt aber die sachliche Überzeugungsarbeit, nicht zuletzt anhand der zunehmenden, auch rehabilitativen Erfolgsbilanz stationärer psychotherapeutischer Einrichtungen.

Ohne Begegnung und der damit einhergehenden Aktivierung von Bindungserfahrungen ist Psychotherapie nicht möglich. Es ist die Qualifikation und das Engagement aller Mitarbeiter, die das wesentlichste Instrument stationärer Psychotherapie darstellen. Erst darüber liegt das Netz der Organisation, welches ein Zusammenspiel der verschiedenen Berufsgruppen regelt. Die persönliche Bindung an eine Institution und die Arbeitsbedingungen ist ein wesentlicher Erfolgsfaktor. Jede gut ausgebildete Mitarbeiterin, die den Arbeitsplatz wechselt, nimmt oft Jahre an Erfahrung mit, die nur schwer zu ersetzen ist. Würden mehrere Teammitglieder gleichzeitig gehen, würde dies einen schweren Qualitätsverlust bedeuten, da nicht nur die individuelle Qualifikation verloren ginge, sondern auch das über Jahre erprobte Zusammenspiel der Teammitglieder als System und Katalysator therapeutischer Prozesse verändert wird.

Psychotherapeutische Ausbildungen benötigen Jahre und sind mit einem erheblichen persönlichen Aufwand verbunden. Arbeitsbedingungen müssen daher solche Ressourcen pflegen und eine positive Bindung an die Institution ermöglichen. Getragen werden diese Arbeitsbedingungen von einigen wesentlichen Faktoren. Dazu gehören
- gelebte Multiprofessionalität und Interdisziplinarität,
- flache Hierarchien, die an Kompetenz und Eigenverantwortung orientiert sind,
- eine klar definierte Behandlungsverantwortung als zentraler Punkt im Kommunikations- und Entwicklungsprozess zwischen Patient, Therapeut, Team und Station,
- interne und externe Fortbildungen,
- fall- und teambezogene Intervision und Supervision,
- ein dem therapeutischen Beziehungsauftrag adäquates Bezugspflegesystem, das den spezifischen Aufgaben der Pflege im Gruppengeschehen als Beobachter, Konfliktlöser und wichtigem Kommunikator gerecht wird und nicht zu vergessen,
- ein finanzielles Entlohnungsschema, das sich an einer allgemeinen Wertschätzung der geleisteten Arbeit orientiert.
- Für die Qualitätsdokumentation und -optimierung spielen Prozess- und Outcomemessungen eine wichtige Rolle, die durch das SNS abgedeckt und realisiert werden.

5 Therapeutische Philosophie und Teamarbeit

„Wir sind in der Tat arm, wenn wir nichts als gesund sind."
Donald W. Winnicott[4]

5.1 Emotionale Arbeit

In einem integrativen Konzept stationärer Psychotherapie liegt die Hauptlast der Arbeit auf dem Team. Wurden eben Fragen der Organisation und der Kommunikationsabläufe beleuchtet, so soll nun der Frage nachgegangen werden, woran sich ein Team orientiert, um seinen Aufgaben gerecht zu werden. Wie kann es diesem komplexen sozialen Organismus gelingen, gemeinsam ein Kraftfeld zu generieren, in welchem sich Wachstum und Lebendigkeit entfalten können? Einem hohen Grad an Diversität, die sich aus den Unterschieden in beruflicher Ausbildung, Sozialisation, Professionalisierung, Status, methodischen Ansätzen und Wertehaltungen ergibt, steht die Notwendigkeit gegenüber, zu „gemeinsam akzeptierten und getragenen mentalen Modellen" (Abderhalden, 2000, S. 98) für die Zusammenarbeit zu kommen.

Integratives Arbeiten ist ohne Differenzierung nicht denkbar. Die emotionale Arbeit eines Teams liegt in der Dynamik von Balancen[5] zwischen vielfach auftretenden Polaritäten, wobei die Herstellung homöostatischer Zustände weder möglich noch sinnvoll ist. Homöostase und Homöorhese (Übergänge zwischen Gleichgewichtszuständen) bedingen sich und folgen einander, sie stellen Komplementaritäten dar. Ungleichgewichtszustände sind immer als Chance zur Entwicklung zu verstehen. Ambivalenzen, Spannungen und Ambiguitäten sind nicht einzuebnen (Kruse & Stadler, 1995). Oft stammen im Team auftretende heftige Gefühle und Impulse, die dann spannungsgeladen diskutiert werden, aus der Begegnung mit den Patientinnen. Wie Wellendorf (2000) meint, würden sich diese Handlungsimpulse und Gefühle oft nicht in den Grenzen der Begegnung halten lassen und können dann „entlang formeller und informeller Strukturen […] verschoben werden" (S. 59).

Der Wunsch nach Eindeutigkeit dringt immer wieder durch, z. B. wenn unter steigender emotionaler Anspannung innerhalb des Teams die Einmahnung von Regeln aus der Hausordnung oder aus Behandlungsverträgen gefordert wird. Ein Entweder-Oder greift unter erhöhtem Stress schneller um sich, noch bevor ein reiferes Sowohl-als-Auch diskursiv Raum bekommt. Die Gefahr ist, dass einerseits zu schnell inadäquate Disziplinarmaßnahmen gefordert werden, noch bevor in ausreichender Weise die Patientin bzw. die Konfliktsituation psychodynamisch erfasst wurde, andererseits „… gibt es so etwas wie ein *lähmendes psychodynamisches Verständnis*, das handlungsunfähig macht: Wenn ein Verhalten in seinen psychodynamischen Determinanten erst einmal verstanden ist, verbie-

---

4   Winnicott (1976, S. 65; engl. original: „we are poor indeed if we are only sane")
5   Als weitere Balancen bzw. Spannungsfelder könnten wir, ohne darauf näher einzugehen, folgende identifizieren: Veränderung vs. Stabilität, Einzelner vs. Gruppe, Hierarchie vs. Team, Wissen vs. Nicht-Wissen, Regression vs. Progression.

ten sich Konsequenzen", so Sachsse (1989, S. 153)[6]. Die einzelnen Berufsgruppen haben unterschiedliche Zugänge zu den Patienten, interpretieren Verhalten je nach Kontext anders und bedürfen somit unterschiedlicher Regeln. Psychotherapieschädigendes Verhalten allerdings ist dringend aufzulösen und bedarf der Konsequenzen. In individuellen Therapieverträgen werden diese Verhaltensweisen und möglichen Sanktionen klar benannt, wenn notwendig in Schriftform.

Dasselbe Spannungsfeld hinsichtlich Regeln gilt auch für das Team und den Kontakt der Teammitglieder untereinander. Einerseits trachten wir danach, selbstgegebene Strukturen einzuhalten, wir wollen uns auf Routineabläufe verlassen können, brauchen für Übersicht und Sicherheit eine Reduktion der Komplexität, andererseits sehen wir uns immer wieder Brüchen gegenüber, erleben Chaotisches oder müssen feststellen, wie durch Routine Komplexität reduziert und damit Spielräume eingeschränkt werden (Wellendorf, 2000). Dies stellt nicht nur eine große Herausforderung für die Leitung dar, auch jeder Einzelne ist in der Bewältigung dieser Balancen gefordert.

Mehr noch als bei Konflikten um Regeln scheinen Teammitglieder dann emotional belastet zu sein, wenn die Einschätzung schwierig wird, ob eine Patientin etwas *nicht will* oder *nicht kann*. Hier ist der Ansatz der strukturbezogenen Psychotherapie hilfreich, der zwischen konflikt- und strukturbedingten Störungen unterscheidet. Auch wenn Konflikt und Struktur nicht unabhängig voneinander zu denken sind, so „… schärft [diese Unterscheidung] den Blick dafür, welches Verhalten des Patienten aufgrund eines unbewussten konflikthaften Motivs (und dessen Abwehr) *intendiert* ist und vom Patienten deshalb grundsätzlich verantwortet werden kann, und welches ihm andererseits aufgrund eines strukturellen Unvermögens ‚passiert'" (Grande & Schauenburg, 2007, S. 312). Sich gemeinsam im Team eine klare Einschätzung darüber zu verschaffen, inwieweit ein Patient über bestimmte strukturelle Fähigkeiten verfügt oder nicht, kann sehr entlastend sein und bestätigt uns entweder in einer gewährenden Haltung oder im Grenzensetzen.

Allein diese Einschätzung wird in den wenigsten Fällen eine objektive sein, auch wenn hierfür Testdiagnostik herangezogen wird. Struktur- und Konfliktperspektive mischen sich, die Beziehungsgestaltung zwischen Patienten und Teammitgliedern und dabei gemachte Erfahrungen sind unterschiedlich, ja auch gegensätzlich: sich auf bestimmte Vorgehensweisen abzustimmen ist ein mühsamer Prozess, der Zeit und Kraft in Anspruch nimmt und auch konflikthaft verlaufen kann. Damit diese Arbeit gelingt, bedarf es eines „wahrnehmenden Teams" mit personaler Gleichwertigkeit. Wie diese integrierende Zusammenarbeit gelingen kann und welche Rahmenbedingungen dafür zu schaffen und aufrechtzuerhalten sind, darauf hat Janssen (1987, 2004, 2012) pionierhaft hingewiesen. Nicht isoliertes Arbeiten, sondern ein gegenseitiges Angewiesensein in reifer Form stellt die Basis dar: „Jeder Behandler muss sich als Teil eines Ganzen verstehen, sich des Teams bedienen, um seinen individuellen Patienten oder die Gruppe von Patienten zu verstehen und adäquat behandeln zu können. Er muss sich bewusst sein, dass er, ohne Einbezie-

---

6 Die Diskussion dieses Artikels („Psychotherapie mit dem Sheriff-Stern") markierte vor Jahren einen wichtigen Schritt in der Teamentwicklung und hatte damals zu einem vertieften Verständnis geführt, wie Stationsregeln notwendig zu einem Konfliktfeld werden und wie ein therapeutisch angemessener Umgang gelingen kann.

hung des multipersonalen Beziehungsfeldes in seine therapeutischen Überlegungen, kaum in der Lage sein wird, die unbewussten Prozesse seiner Patienten zu erfassen" (Janssen, 2004, S. 222).

5.2 Die Struktur therapeutischer Angebote

Die vielfältigen therapeutischen Angebote im stationären Setting lassen sich in ein 3-Achsen-Modell einordnen (vgl. Abb. 5). Die drei Polaritäten „Bindung – Trennung", „Aktivierung – Entspannung" und „explizites Wissen – implizites Wissen" spannen einen virtuellen Raum auf, in welchem verschiedenste Therapieangebote und Interventionen verortet und systematisiert werden können. Das Modell dient auch als Orientierung für diagnostische Einschätzungen und die Erstellung individueller Therapiepläne.

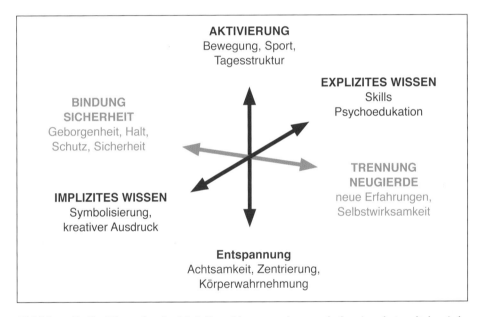

Abbildung 5: Dreidimensionales Modell zur Verortung therapeutischer Angebote mit den Achsen „Bindung – Trennung", „Aktivierung – Entspannung" und „explizites Wissen – implizites Wissen".

5.2.1 Bindung vs. Trennung

Eine wesentliche Herausforderung stationärer Psychotherapie besteht in der Einbindung aller Beteiligten in die stationäre Gemeinschaft. Nur wenn Gefühle von Sicherheit, Geborgenheit, Schutz und Halt erlebt werden können, ist es möglich, sich zu öffnen, sich mit eigenen Wünschen und Bedürfnissen zu befassen und sich auf neue Erfahrungen und Begegnungen einzulassen. Eine sichere Bindung ist mit einer Reihe von Kompetenzen verbunden, wie kognitive und explorative Fähigkeiten, Gefühlsregulierung, Mentalisie-

rungsfähigkeit, Kommunikationsstil, u. a. (Fonagy et al., 2006). So wie es sicher gebun-
denen Kindern gelingt, sich aktiv mit der Welt auseinanderzusetzen, so ist auch hier das
Wechselspiel von Sicherheit und Neugierde wichtig, damit ein Entwicklungsprozess als
ein Prozess der Selbstorganisation in Gang kommt. Trennungen und Abschiede – letztlich auch die Ablösung aus der Therapie – sind nur dann in gesunder Weise möglich,
wenn das Gefühl von Sicherheit und Stabilität in einer Beziehung und in bindungsrele-
vanten Situationen erfahrbar war. Halt gebend erleben Patientinnen Beziehungsangebote,
die durch Qualitäten wie Sicherheit, Kontrolle, Transparenz und Präsenz ausgezeichnet
sind (Reddemann, 2004). Auch Grenzen setzende Interventionen und das zeitweise Übernehmen von Hilfs-Ich-Funktionen können Halt vermitteln. Erfahren kann dies sowohl
im stationären Setting werden (vertreten durch das gesamte Personal sowie durch das Erleben der Gemeinschaft der Patientinnen) als auch in unterschiedlicher Intensität in den
Gruppen- und Einzelsettings.

Fallbeispiel: Bindung

Eine 24-jährige Patientin kommt in einer schweren depressiven Krise auf die Station, sie wirkt
verloren, sie hält Termine nicht ein und ist dann oft nicht auffindbar. Es wird berichtet, dass
sie nachts mehrmals aufsteht, um zu essen. Sie nimmt kaum Bezug zu uns auf, in den Therapiegesprächen gibt es keine Anliegen, und wenn die Therapeutin etwas wissen wolle, solle
sie doch Fragen stellen. Mit dieser ablehnenden Haltung und auch den fehlenden Zielen
tauchen Zweifel im Team auf, ob genug Therapiemotivation vorliege bzw. eine Therapie
überhaupt sinnvoll sei, eine Entlassung wird überlegt. Im Versuch, die vielen eigentümlichen
Verhaltensweisen zu verstehen, auch auf dem Hintergrund biografischer Daten, wird in einer
ausführlichen Teambesprechung deutlich: die Patientin trägt die Wunde des Nicht-erwünscht-
Seins in sich, sie hatte viele Trennungs- und Verlusterlebnisse zu erleiden und vor wenigen
Monaten eine Abtreibung vornehmen lassen, wofür sie von ihrer Familie nochmals starke
Ablehnung erfuhr. Team und Therapeutin finden zu einer gemeinsamen Haltung: Die Patien-
tin müsse „hereingeliebt" werden, es bedürfe eines noch aktiveren Zugehens auf sie, sie
brauche Bindungsangebote im Sinne einer symbolisch verstandenen Neubeelterung. Eine
Woche nach dieser Besprechung erleben wir die Patientin verändert: Sie ist präsent, in Kontakt mit uns, bezogen und formuliert Anliegen. Die interessierte und zugewandte Haltung
unsererseits ist zu einer neuen emotionalen Erfahrung für sie geworden und stellt einen ersten
Wendepunkt hin zu einem therapeutischen Prozess dar. Im Sinne der Control-Mastery-Theorie (Sammet et al., 2006) könnte man die ursprünglich gezeigte „Verlorenheit" oder Distanzierung auch als Beziehungstest verstehen, den das Team zu bestehen hatte.

Wenn für viele Patientinnen neue Bindungserfahrungen essenziell sind, so stehen für andere Herausforderungen von Trennung und Abschied im Vordergrund: die Trennung von
realen Personen, die Ablösung aus der Familie, das Verlassen eines schwierigen Milieus
(z. B. einer Peergroup, in welcher die Verleitung zum Drogenkonsum unausweichlich
ist), die Verarbeitung von schmerzlichen Verlusten, die Trennung von inneren Objekten,
das Aufgeben von Idealen oder von Lebensentwürfen, die in eine Sackgasse geführt haben
oder die Trennung von perfekten Zielen (Schacht, 2009). Diese Aufgaben gelingen nur,
wenn eine neue Bindung oder Anbindung an Personen, Gruppen oder auch eine neue
Sinnfindung möglich wird.

Die Dimension „Bindung–Trennung" hat in der Teamarbeit insofern Bedeutung, als wir
immer wieder einschätzen müssen, wann und in welcher Art ein Patient Bindungsange-

bote und Zuwendung braucht, wo Forderungen möglich sind oder aber ein Loslassen sinnvoll ist. Weitere Qualitäten, die dem Pol der Bindung zuzuordnen sind, könnten wir kursorisch benennen: die Station als sicherer Ort, das Erleben von Geborgenheit, die Kontinuität in den Beziehungsangeboten, v. a. im Bezugspflegesystem, die Station als ein Ort mit Atmosphäre, kulturellen Angeboten und Ritualen, das Erleben von Containment, aber auch die Aktivierung von Ressourcen, wenn damit Sicherheiten gemeint sind, die Patientinnen in sich selbst finden. In der Stationsgruppe wird die Dimension Bindung–Trennung durch ein Ritual transparent gemacht, indem wir den Patientinnen bei Therapieende die Möglichkeit eröffnen, vor der Gruppe Rückschau auf ihre Prozesse zu halten, Feedback an Mitpatienten und Behandler zu geben, wichtige Ereignisse zu benennen oder einfach Dankbarkeit zu zeigen. Die „Neuen", die sich dann in derselben Gruppensitzung vorstellen, erleben dies als angstreduzierend und motivierend, und es ermöglicht ihnen ein gutes Ankommen und Aufgenommen-Werden.

Grundsätzlich realisiert sich auf dieser Dimension eine große emotionale Vielfalt zwischenmenschlicher Erfahrungen auf einem breiten Spektrum zwischen dem Wunsch nach Verschmelzung auf der einen und absoluter Autonomie und Unabhängigkeitsfantasien auf der anderen Seite (Altmeyer, 2011, S. 112 f.).

5.2.2 Aktivierung vs. Entspannung

Eine wichtige Dimension stellt das Wechselspiel von Aktivierung und Entspannung dar. Viele Patienten haben einen weitgehenden Strukturverlust ihres Alltags zu beklagen. Dem stellen wir eine klare Strukturierung und Rhythmisierung des Stationsalltags gegenüber: wir verlangen die Einhaltung eines Therapieplans und einer Tagesstruktur, auch wenn fehlender Antrieb und depressive Gefühle dies erschweren. Im Therapieplan spiegelt sich dies in vielfältigen Angeboten wider: Morgensport, körperliche Aktivität, Klettergruppe, Wirbelsäulengymnastik und Arbeitstraining auf dem Pol der Aktivierung, Entspannungsgruppe, Autogenes Training, achtsamkeitsbasierte Meditation oder Qi Gong auf dem Pol der Entspannung. Zusätzlich ermuntern wir die Patienten, Ruhephasen einzuplanen, um Zentrierung zu ermöglichen und neue Erfahrungen verarbeiten zu können. Dass Therapie Arbeit bedeutet, die auch der Erholung bedarf, muss oft erst erfahren werden, bedarf der inneren Erlaubnis und ermöglicht v. a. bei einer depressiven Grundstruktur die Erfahrung: „Ich muss nichts leisten, um liebenswert und wertvoll zu sein!"

Aus der Chronobiologie wissen wir, wie sehr Gesundheit an die Synchronisation von Rhythmen gebunden ist. Vielfältige physiologische Rhythmen sind aufeinander bezogen und je gesünder ein Organismus ist, desto mehr stellen sich diese zueinander in ganzzahligen Verhältnissen ein, sie erzeugen harmonische Prozessmuster (Hildebrandt & Moser, 1998). Die Organisation psychophysiologischer Rhythmen ist eng an soziale Interaktionen gebunden und wird in der frühen Mutter-Kind-Interaktion eingeübt, wobei verborgene Regulationsmechanismen als Zeit- und Taktgeber fungieren (*hidden regulators*, Schacht, 2003, S. 56). In der Musiktherapie (sowohl aktiv als auch rezeptiv) kann dies explizit genutzt werden. Unbemerkt und implizit können die *hidden regulators* auch in einer guten therapeutischen Beziehung ihre Wirkung entfalten (generisches Prinzip 6).

Ein gesunder Schlaf-Wach-Rhythmus ist einer der wichtigsten Taktgeber. Die darauf angewiesenen Regenerations- und Erholungsfunktionen sind Voraussetzung, um sich therapeutischen Themen zuwenden zu können und sollen daher im Sinne eines achtsamen Umgangs mit sich selbst, also der Selbstfürsorge, eingeübt und gestärkt werden. Die Patientinnen werden in der Psychoedukation auf das gesundheitsfördernde Wechselspiel von Aktivität und Erholung aufmerksam gemacht, erleben es im stationären Alltag unmittelbar und erkennen darin auch eigene Muster von Überforderung oder selbstschädigendem Verhalten.

5.2.3 Explizites vs. implizites Wissen

Mit der wachsenden Bedeutung störungsspezifischer Ansätze wurden auch bei uns zunehmend mehr kognitive und mentalisierungsbasierte Ansätze integriert: Angebote wie Psychoedukation, Skills-Training oder eine verhaltenstherapeutische Gruppe für Zwangspatientinnen sind hier zu nennen. Auch der täglich auszufüllende Therapie-Prozessbogen (TPB, Haken & Schiepek, 2010, S. 363 ff.; Schiepek et al., 2012) hat sich als Mentalisierungshilfe erwiesen: Fragen wie „Heute sind mir Zusammenhänge klar geworden, die ich bisher nicht gesehen habe", „Heute habe ich mich an belastende Aspekte meines Lebens herangetraut", „Ich kann meinen Mitpatienten vertrauen" oder Fragen nach Emotionen wie Trauer, Ärger, Angst, Freude usw. regen zu einer differenzierten Selbstwahrnehmung an. Diese Angebote stellen mittlerweile einen unverzichtbaren Bestandteil im Behandlungsprogramm dar und kommen dem grundlegenden Bedürfnis der Patienten nach Orientierung und Feedback (Stucki & Grawe, 2007) sehr nahe. Was im Skills-Training noch eine bewusste Auseinandersetzung z. B. mit der Fähigkeit zur Spannungstoleranz oder Impulskontrolle ist, also ein explizites Wissen, sollte in der Begegnung mit anderen und unter emotionaler Belastung zum impliziten Wissen werden.

Ein anderer Aspekt dieser Polarität bezieht sich auf Entscheidungsprozesse. Anstehende Entscheidungen können kognitiv über neues Wissen und bewusste Auseinandersetzung mit alternativen Handlungsmöglichkeiten vorbereitet werden. Ein alternativer oder zusätzlicher Weg führt über den kreativen Ausdruck und die Fähigkeit, innere Prozesse zu symbolisieren. Musiktherapie, kreative Gestaltung, Tanz und Bewegung oder ein psychodramatisches Rollenspiel erzeugen Potenziale und Spontaneität, wodurch neue Möglichkeiten dann wie selbstverständlich auftauchen und Entscheidungen leichter fallen. Wir verlassen uns ja meist mehr auf den Informationsgehalt unserer Gefühle. „Prozesse, die unser psychisches Wohlbefinden regulieren, sind zum größten Teil automatisierte Prozesse, die im impliziten Gedächtnis gespeichert werden" (Wöller, 2006, S. 164). Mit den angesprochenen kreativen Therapieformen ist eine intensive Wahrnehmung von Körperempfindungen und inneren Bildern verbunden. Bezogen auf die Tanz- und Bewegungstherapie lässt sich dieses „Sich-Vertiefen", „... als ein Eintauchen in einen Erfahrungsstrom, eine Selbstbegegnung auf der Ebene von bildhaften Vorstellungen und Empfindungen, eine Art wacher Körpertraum" (Schmidt, 2006, S. 5) beschreiben. Die dabei gemachten Erfahrungen sind danach wieder auf eine sprachliche Ebene zu heben, womit „... für den Einzelnen genügend Distanz zum Erfahrenen [entsteht], das er dadurch betrachten und reflektieren kann" (ebd.).

Schließlich ist mit dieser Polarität die Unterscheidung zwischen explizitem und implizitem Mentalisieren verbunden, wie sie Allen und Fonagy (2009) vorschlagen. Explizites Mentalisieren geschieht bewusst und gezielt, „... wenn wir [dagegen] implizit mentalisieren, tun wir es intuitiv, prozedural und automatisch, nicht-bewusst" (S. 33), wobei dieses implizite Mentalisieren ein präreflexives, empfundenes Selbstgefühl voraussetzt.

Wenn im Laufe der Entwicklung unserer Station (auch Stationen machen Entwicklungsprozesse durch, sind also im dynamischen Sinn nicht stationär; Schiepek et al., 2001) das Psychodrama zunehmend mehr Bedeutung erhielt, so mag das auch daran liegen, dass sich darin alle drei Dimensionen wiederfinden:
– Die Beachtung des Erwärmungsprozesses und der Kohäsion der Gruppe einerseits, die Exposition in einem Protagonisten- oder Gruppenspiel mit der Möglichkeit neuer emotionaler Erfahrungen andererseits,
– der Wechsel von Aktivierung und Entspannung sowohl durch den zyklischen Prozessverlauf des Psychodramas (vgl. Kap. 6), als auch in Form spezifischer Aufwärmübungen, die je nach Bedürfnislage aktivierend, entspannend oder zentrierend sein können,
– intuitives, spontanes Handeln und Versprachlichung in der Integrationsphase.

Was in den unterschiedlichen therapeutischen Angeboten spezifisch erfahren und gelernt wird, kann in der Psychodramagruppe nochmals als integrierende Gesamterfahrung erlebt werden. Die einzelnen Polaritäten und Balancen können als Rollen definiert und ausgestaltet werden.

5.3 „Du sollst dir ein Bild machen"[7]

Die Arbeit im interdisziplinären Team formt unser Selbstverständnis dahingehend, dass wir uns vorrangig als Mitglieder eines *patient care teams* (Abderhalden, 2000) verstehen und erst sekundär als Mitglieder einer Berufsgruppe. Im täglichen Austausch, in den Teambesprechungen, Aufnahmekonferenzen, den psychodynamischen Falldarstellungen, den SNS-Intervisionen (Fallbesprechungen auf Basis des SNS-Prozessmonitoring) ist unser Anspruch der, dass wir uns Bilder von unseren Patientinnen machen – Bilder, die es uns erleichtern, in den Begegnungen mit ihnen zu hilfreichen und passenden Rollen zu finden. Buchholz (2000) spricht vom „Bildaufbau" nicht im Sinne eines Abbildes, wie es uns klinische Diagnostik oder auch testdiagnostische Untersuchungen liefern könnten. Vielmehr sollen „... alle anamnestischen Daten, szenischen Informationen und interaktiven Episoden dazu dienen, sich ein Bild zu machen und sich ins Bild zu setzen" (S. 122). Die Art und Weise, wie das Team bei diesem Konstruktionsprozess kommuniziert, hat Buchholz *prismatisch* genannt: aus unterschiedlichen Blickwinkeln, in verschiedenen Sprachen, gegenseitig Anregungen aufgreifend, assoziativ, in spielerischer Form und mithilfe von Metaphern werden vielleicht verwirrende Aspekte zu einem einheitlichen Bild integriert. Auch dieser Prozess des Mustererkennens durch Musterbildung ist ein Prozess der Selbstorganisation (Haken & Schiepek, 2010, Kap. 3). Der Wert von Metaphern liegt vor allem darin, dass sie meist unbewusst unsere Gefühle, Haltungen, Bewertungen und Einstellungen anderen Menschen gegenüber organisieren (Buchholz, 2000, S. 124). Diese Bilder, welche wir von den Patientinnen kreieren, beziehen sich wesentlich auf die Formen ihrer Beziehungsgestaltung (auch mit uns – wir kommen in den Bildern ja auch vor).

---

7 Lachauer (2005).

Das Erkennen von dysfunktionalen Beziehungsmustern kann in einer anspruchsvollen Weise nach den Konstruktionsregeln des OPD erfolgen, als kompakte beziehungsdynamische Formulierung mit der Beschreibung eines sich selbst verstärkenden Zirkels: Was sind die problematischen Beziehungsangebote? Welche Beziehungsantworten legen Patientinnen uns nahe? Welche sollten wir vermeiden? Was sind hilfreiche Antworten und Interventionen? Worin bestehen Beziehungstestes vor dem Hintergrund (unbewusster) Gesundungspläne des Patienten? Das OPD hilft uns, Wahrnehmungen zu strukturieren und auf einen Fokus zu zentrieren (Rudolf & Grande, 2006; Dally 2004). Die Analyse und Beschreibung dysfunktionaler Beziehungsmuster gelingt bei höherem Strukturniveau leichter, das Vorgehen ist scharfsinniger, planvoller, rationaler, es geht um die Generierung expliziten Wissens. Wenn die Störung bei niedrigerem Strukturniveau tiefer geht, fallen exakte Formulierungen schwerer und wir sehen uns mit der Notwendigkeit konfrontiert, mehr zu erspüren, uns auf Intuition und Spontaneität zu verlassen und damit von einem expliziten wieder zu einem impliziten Wissen überzugehen. Die Unterscheidung zwischen deduktivem und induktivem Vorgehen hat Edwin C. Navis mit dem unterschiedlichen Vorgehen von Sherlock Holmes und Detektiv Columbo verglichen: während Holmes „… planvoll, präzise, scharfsinnig, überlegen in Wahrnehmung und logischem Denken, rational und deduktiv orientiert ist, stellt sich Columbo dar als naiv, planlos, langsam in seinen Bewegungen, scheinbar ungerichtet in seiner Wahrnehmung und unklar, wenn nicht geradezu unlogisch. […] Man könnte sagen, dass sich Columbo wie ein Schwamm verhält, indem er in seine Umgebung eintaucht, alles aufsaugt und auf wichtige Hinweise wartet, die unweigerlich dabei sein werden" (Navis, 1988, zit. nach von Ameln et al., 2009, S. 108).

Wir können nicht davon ausgehen, dass alle Teammitglieder im OPD geschult sind, was im klinischen Alltag auch nicht zu fordern ist. Um zu einem gemeinsamen „mentalen Modell" (Abderhalden, 2000) zu kommen, kann es reichen, sich über einige Fragen Klarheit zu verschaffen: Was sind die Beziehungsthemen des Patienten? Was braucht der Patient? Worin will er wahrgenommen und gesehen werden? Psychodramatiker würden fragen: Wie sehen die Rollenangebote an uns aus? Welche davon anzunehmen macht Sinn und können hilfreiche Antworten sein? An der Bindungstheorie orientierte Kolleginnen würden nach den inneren Arbeitsmodellen fragen, Schematherapeutinnen nach den Schemata, psychoanalytisch ausgerichtete Kollegen würden versuchen, Fokusformulierungen zu finden. Die Pluralität klinischer Konstruktionen ist hier evident. Ziel dieses Prozesses innerhalb des Teams ist jedoch immer, zu einer *gemeinsamen* Haltung zu finden, auch wenn darin einzelne Rollen *ausdifferenziert* werden. Stasch und Cierpka (2006) sprechen im Zusammenhang mit der Erarbeitung dieser interpersonalen Haltung vom therapeutischen *tuning* oder von *re-tuning*, wenn Anpassungen notwendig werden.

Wir kommen in diesen Bildern, die wir erarbeiten, nicht nur vor, sondern spielen darin auch in verschiedenen Rollen mit, wir gestalten den therapeutischen Prozess gemeinsam und erleben mit den Patienten Krisenhaftes und auch Instabilitäten. Streeck (1998) hat hierzu eine wertvolle Unterscheidung getroffen: Im stationären Setting können Erleben und Verhalten gleichzeitig in einer vertikalen und in einer horizontalen Dimension untersucht werden. In der vertikalen, intrapsychischen Dimension würden Erleben und Verhalten als Ausdruck von Re-Inszenierungen unbewusster Konflikte verstanden, in der horizontalen Dimension als Teil eines interaktiven Geschehens. „Das soziale Leben in der Klinik ist danach eine Co-Produktion aller Beteiligten, eine Moment-zu-Moment-Hervorbringung, an der alle Anwesenden beteiligt sind und die von allen Anwesenden im Zuge ihres Miteinander-Umgehens hervorgebracht wird" (S. 158). Während bei einem Blick auf das Individuelle Konzepte wie Übertragung, Widerstand, Deutung oder Rekonstruktion zum Tragen kommen, würde bei einer horizontalen Betrachtungsweise die Aufmerksamkeit auf alle Beteiligten in ihrer wechselseitigen Bezogenheit und damit der Fokus auf Interaktion und Kontext gerichtet.

5.4 Frühe Formen der Begegnung

Begegnungen mit Patienten finden von Beginn an, schon beim Erstkontakt in einem Indikationsgespräch, während der Wartezeit in Telefonkontakten und schließlich bei den Aufnahmegesprächen statt. Eine Vermutung, warum die meisten Patientinnen sich von Beginn an gut in die therapeutische Gemeinschaft integrieren und schnell in den therapeutischen Prozess finden, liegt darin, dass wir als Team und Station atmosphärisch etwas bieten, wodurch sie sich willkommen geheißen und gemeint fühlen. Rasch kommt es zu einem Gefühl des Aufgehoben-Seins. Was als selbstverständlich erscheinen mag, lohnt jedoch, genauer betrachtet zu werden.

Unabhängig von der Symptomatik sind bei einer stationären Aufnahme frühe Entwicklungsthemen angesprochen: Patienten erleben sich in den Krisen sehr auf andere angewiesen. Dieses „Angewiesen-Sein" kann elementar empfunden werden, vor allem wenn psychophysiologische Regulationsmuster entgleist sind, das Selbstempfinden sich als brüchig erweist, Impulse bei Herstellung von Nähe und Distanz schwer zu regulieren oder lustvolle und unlustvolle Affekte schwer zu steuern sind. Hier treten wir intuitiv in Hilfs-Ich-Funktionen, als Taktgeber, als Unterstützer bei der Erregungsregulation oder auch in spiegelnder Funktion. Psychodramatisch gesprochen befinden wir uns auf der psychosomatischen Rollenebene, auf der wir vorwiegend nicht sprachlich Sicherheit und Zugewandtheit vermitteln – durch Mimik, Gestik, Ausdruck, Stimme, aber auch über Stimmungen und Stationsatmosphäre.

Wir berühren Schichten von Identität und der Entwicklung eines „Kern-Selbst" (Damasio, 2001). In der Säuglingsforschung wird von der „intersubjektiven Geburt des Selbst" (Bohleber, 2011) gesprochen, ein Prozess, in dem wir „… die biologisch vorgebahnten Erwartungen an die Responsivität […] erfüllen" und uns „… in die biologisch angelegten Mechanismen einklinken" müssen (Fonagy & Luyten, 2011, S. 911). Die von vielen Patienten früh erlebten Verstöße gegen diese angeborenen Erwartungen waren „toxisch", sie verhinderten die Entstehung eines Urheberschaftsgefühls des Selbst. Das Selbst kann sich nur im Kontext eines alter ego entwickeln und existieren. Wenn wir davon ausgehen, dass bei den Patientinnen frühe Bindungsdefizite und Deformationen in der Entwicklung des Kern-Selbst vorliegen, so ist die Selbstentwicklung und Stärkung des Selbstwertgefühls gleichbedeutend „… mit dem Sammeln von ‚Erfahrungen des Selbst-in-Beziehungen'" (Fonagy et al., 2006, S. 48) – der Begegnung mit uns.

Fallbeispiel: Gelingende Responsivität

Herr S., Mitte 20, kommt nach akuter Suizidalität ausgeprägt depressiv über die Krisenstation der Klinik an unsere Station. In der Familiengeschichte finden sich über Generationen bei beiden Eltern schwere Traumatisierungen (Flucht, viele Suizide und Alkoholprobleme). Der Vater war aufgrund starker Depressionen im Rückzug, der Mutter gelang es nicht, den Sohn in kontingenter Weise zu spiegeln; sie war mit sich beschäftigt und alle Antworten schienen sie selbst zu meinen. Nach einigen Wochen beginnt es Herr S. zu genießen, „… dass ich mich immer mehr traue, ich selber zu sein, ich brauch' die Fassade nicht mehr so!" Er sucht diese Herausforderung in neuen sozialen Kontakten ganz bewusst. Vor einem Wochenende, ein Date steht bevor, meint er ganz verschmitzt: „Ich versuch's halt mal, wenn's nicht gelingt, dann komm ich halt zurück, Schwester V. wird mich dann schon beruhigen!" Zwischen den beiden war eine Beziehung entstanden, in der in einem vorsprachlichen Bereich etwas ins Schwingen gekommen war, was Herr S. als basales Gehalten-Werden und in Stressmomenten als Beruhigung erlebte.

Fallbeispiel: Misslingende Responsivität

Ein Beispiel, in dem diese Responsivität nicht gelingt: Dieselbe Schwester beklagt sich im Team, dass sie mit Herrn P. keine Bezugspflegegespräche vereinbaren könne; sie habe den Eindruck, er flüchte vor ihr, sie müsse ihm immer hinterherlaufen und erlebe ihn als ablehnend. Damit konfrontiert meint Herr P.: Er spüre bei seiner Bezugsschwester Druck und Stress. Wenn sie ihn anspreche, übertrage sich dieser Stress auf ihn und das möchte er vermeiden. Herr P., so beobachten wir, kann kaum Augenkontakt halten, scheint einerseits die Verbundenheit dieses intimen Kontakts zu suchen und andererseits Angst vor der dabei entstehenden Nähe zu haben. Wenn dieser basale Dialog nicht gelingt und die Pflicht ins Spiel kommt (Bezugspflegegespräche seien einfach durchzuführen!), so lehnt alles Lebendige sich dagegen auf. Ein interessantes Detail: Herr P. hatte in der Ergotherapie zu Malen begonnen und sich hier auf Ausschnitte aus Portraits zentriert: die Augenpartie! Diese finde er unerklärlicherweise faszinierend. Ein wichtiges Motiv von Intersubjektivität ist ja die Definition und Aufrechterhaltung von Selbstidentität und Selbstkohärenz. Dabei sind wir „… auf den Blick anderer Menschen angewiesen, um uns selbst Gestalt und Zusammenhalt geben zu können" (Stern, 2010, S. 118).

Was in den Begegnungen großenteils intuitiv und implizit geschieht, bedarf auch der Reflexion. „Das psychische Selbst taucht auf, wenn sich das Kind als denkendes und fühlendes Wesen in der Psyche einer anderen Person wahrnehmen kann. Eltern, die über das innere Erleben ihres Kindes nicht verstehend nachdenken und entsprechend reagieren können, verwehren ihm die Entwicklung einer psychischen Kernstruktur, die es braucht, um ein stabiles Selbstgefühl aufbauen zu können" (Fonagy et al., 2006, S. 36). Genau wie Fonagy et al. es hier beschreiben, ist der intensive Austausch im Team zu verstehen. In diesem Austausch und Miteinander sehen wir uns in elterlichen Rollen: wir blicken auf die uns anvertrauten Patienten, wie Eltern es tun, wenn sie sich über ihre Kinder austauschen, sich über Entwicklungsschritte freuen, kleinste Veränderungen wahrnehmen, Erfolge bejubeln, Mitgefühl entwickeln, wenn schwierige Schritte anstehen und sich gegenseitig ermuntern und stützen, wenn Zweifel auftauchen oder Erschöpfung sich breitmacht, die aber auch konflikthaft aneinander geraten können, wenn auftauchende Themen die eigene Abwehr berühren. Der Blick auf diese mentalen Befindlichkeiten ist nur dann hilfreich, wenn er ein liebevoller ist – nur dann eröffnen sich Entwicklungsräume und kommen Prozesse der Selbstorganisation in Gang. Wenn sichere Bindung der Ausdruck eines erfolgreichen Containments ist, so entsteht umgekehrt eine unsichere Bindung dann, wenn dieses Containment misslingt, d. h. wenn eigene Ängste, Trauer oder symbiotische Bedürfnisse der Teammitglieder sich in den Vordergrund drängen. Das Baby (bzw. in unserem Fall die Patientin/der Patient) identifiziert sich mit dem Abwehrverhalten der Bezugsperson, die Fähigkeit zur Reflexion kann so nicht ausgebildet und aufrechterhalten werden.

Bion bringt hier ein dichterisches Bild ins Spiel: sein Begriff „rêverie" meint, dass die Aufgabe der Mutter darin bestehe, den Säugling zu träumen (Kennel, 2012). „Für Bion ist die Fähigkeit zu ‚denken' von der Rêverie-Fähigkeit der Mutter (später des Analytikers) abhängig, das heißt von ihrer Fähigkeit, ihr Baby auf eine Weise zu lieben, die es ihr ermöglicht, seine Projektionen zu tolerieren, sie zu containen, zu verstoffwechseln und sie dem Kind im geeigneten Moment zur Reintrojektion zurückzugeben" (Holmes, 2009, S. 80). Holmes bemerkt dazu, dass es sich hier um eine Metapher handelt. Im Gegensatz zum Modell von Fonagy, welches zwei Subjektivitäten, die in einem Austausch stehen, konzeptualisiere und in welchem die Mutter als sichernde Basis vermittelnd aktiv ist, diene die Mutter für Bion hingegen „... in erster Linie als Behälter für die Projektionen des Säuglings" und befinde sich „... zwischen ihnen kein interpersonaler Raum zum gemeinsamen Mentalisieren" (ebd., S. 81).

Trotz unterschiedlicher Diskurse (hier operationalisierbares Modell, da Metapher mit dichterischen Bildern) sind beide Ansätze für das Verständnis unserer Teamarbeit hilfreich, indem sie aktive und passive Teamprozesse verdeutlichen. Während es im direkten Kontakt mit unseren Patientinnen um Begegnung geht (aktiv), so ist die Arbeit im Team, der Austausch über sie zwar ein intensiver, aber wir „träumen" quasi unsere Patientinnen nur (passiv). Die Wirksamkeit dieser „Rêverien" bekommen wir immer dann vor Augen geführt, wenn wir unmittelbar nach einer ausführlichen Besprechung der Psychodynamik eines Patienten (das Team trifft sich, weil ein Dialog entgleist oder in eine Sackgasse geraten ist, Stagnation zu drohen scheint oder andere Probleme des Verstehens aufgetaucht sind) bei eben diesem Patienten ein anderes Verhalten, eine andere Einstellung, einen veränderten Ausdruck beobachten können, ohne dass etwas direkt kommuniziert worden wäre – dies können manchmal wahrhaft magische Momente sein.

Fallbeispiel: Psychodynamikbesprechung

Dass in Teambesprechungen nicht immer ein einheitliches und auch unmittelbar hilfreiches Bild erarbeitet wird, zeigt folgendes Beispiel. Ich (H. K.) berichte in der wöchentlich stattfindenden Psychodynamikbesprechung des Gesamtteams über eine Behandlung, die ins Stocken geraten war: Frau W., eine 29-jährige Akademikerin, war nach Arbeitsplatzverlust und Trennung von ihrem Freund in eine schwere depressive Krise geraten. Bisherige depressive Episoden konnte sie mit Unterstützung ambulanter Psychotherapie meistern, ohne je in ihrer Arbeitsfähigkeit beeinträchtigt gewesen zu sein. Jetzt war sie seit einigen Monaten nicht mehr im Arbeitsprozess und erstmals in stationärer Behandlung.

Ihre anfänglichen Behandlungsziele – Reduktion des Perfektionszwangs, Verbesserung des Selbstwerts, der Wunsch, mehr zu sich zu kommen und sich nicht mehr dem Schwanken zwischen Überengagement und Erschöpfung auszuliefern – scheinen plausibel, allerdings an der Oberfläche angesiedelt zu sein. Nach einigen Wochen in der Tagesklinik rutscht sie, ausgelöst durch einen vermuteten Suizid einer älteren Mitpatientin (diese hatte die Station unabgemeldet verlassen und es musste polizeilich nach ihr gefahndet werden), in eine veritable Krise mit Suizidgedanken. Wir übernehmen sie in vollstationäre Behandlung, vorerst zu ihrem Schutz, in weiterer Folge, um ihr ein intensiveres Arbeiten an neu auftauchenden Themen zu ermöglichen. Es geht um die Auseinandersetzung mit dem schwer depressiven Vater, der selbst noch unabgelöst von seinen im gemeinsamen Haus lebenden Eltern war, und der seine eigene Familie quasi in Geiselhaft genommen hatte: Die Familie blieb weitgehend von der Umwelt abgeschottet, andere Kinder durften nicht ins Haus kommen, alle Kontakte zu einer feindlich und gefährlich erlebten Außenwelt waren sehr misstrauisch beäugt worden. Sein depressiver Rückzug wurde von gelegentlichen Impulsdurchbrüchen (ein Wüten gegen sich selbst mit Zerstörung von persönlich wertvollen Gegenständen) unterbrochen, was die versteckt angedeuteten Suizidabsichten realistisch erscheinen ließen. So hatte die Patientin sehr früh ein gut funktionierendes Radarsystem hinsichtlich der Stimmungen des Vaters entwickelt, um einzuschätzen, ob Gefahr drohe. Weiterhin wurde sie vom Vater über vieles ins Vertrauen gezogen, von ihm idealisiert (sie sei so intelligent wie er, sie sei die einzige, die ihn verstehen könne), und damit auch als Partnerersatz missbraucht. Diese Ambivalenz dem Vater gegenüber war nun wieder aufgetaucht: Einerseits war er es, der sie wichtig nahm und liebte, andererseits missachtete er ihre Grenzen und missbrauchte sie emotional. Wenn sie davon erzählte, tauchte in Ansätzen Wut auf, die sie sogleich wieder beiseite drängte und sie blieb in der Verwirrung hängen: „Sind das meine Gedanken, meine Gefühle, oder ist das mein Vater in mir?"

An diesen Stellen halte ich mich zurück, die aggressive Abgrenzung aufzugreifen oder zu forcieren, vielmehr erlebe ich sie hier in einem psychosenahen Konflikt. Ist es ein Verlust der Kohäsion und des Selbstgefühls, den sie erleidet? Orange et al. (2001) haben Formen von Selbstverlusterfahrung beschrieben, die hier zutreffen könnten: sich in andere Menschen (hier: dem Vater) aufzulösen; das Gefühl, die eigene Seele oder der eigene Geist sei in ihrem Kern abgestorben; das Gefühl, unauthentisch und unwirklich zu sein; das Gefühl, nicht mehr sich selbst zu gehören. Über all das klagt sie in den Stunden und so sehe ich die immer wieder angesprochene Todesnähe, ihren inneren Kampf um die Entscheidung zwischen Leben und Tod, nicht als Ausdruck von Suizidalität, sondern als ein Ringen um die eigene Auflösung oder Auslöschung. Sie leidet darunter, vergießt unendlich Tränen darüber und zeigt eine schier unstillbare Traurigkeit über diesen Selbstverlust, so ist zumindest mein Verständnis. Aber, so vermute ich weiter, es geht nicht nur um den Konflikt mit dem „usurpierenden" Vater, sondern auch um Defizite in der frühen Bindung zur Mutter und den fehlenden Schutz durch diese: Die Mutter hatte sich ihrerseits dem Mann angepasst, ihre eigene Lebendigkeit aufgegeben und die Tochter ihm preisgegeben. So war es Frau W. nicht möglich, ein System mütterlicher Fürsorge zu übernehmen und es in eine „Fürsorge für sich selbst" zu verwandeln.

Ich gehe also in die Psychodynamikbesprechung, um mehr Verständnis für Frau W. zu erhalten. Im Team war für mich ein langsam gegen sie entstehender Druck wahrzunehmen: die Behandlung dauere schon so lange ohne sichtbare Veränderungen; es gäbe keine Perspektiven hinsichtlich der Arbeitssituation der Patientin; sie würde es vermeiden, ihre Wohnung aufzusuchen und sich so nicht auf die näher rückende Entlassung vorbereiten, und: man könne schwer mit ihr arbeiten, wenn sie nicht in Beziehung trete und nur oberflächlich freundlich bleibe. Diese Oberflächlichkeit hatte ich als Ausdruck ihrer Leeregefühle verstanden, nicht als abgewehrte Wut, wie es in einigen Alltagskonfrontationen verstanden worden sein mag. „Wenn man einer Patientin, die unter Leeregefühlen leidet, die Deutung gäbe, dass sie ihre Wut abwehre, würde dies ihre Unzulänglichkeitsgefühle noch verstärken und ihre innere Leere verschlimmern" (Jaenicke, 2010, S. 84). Mögliche wütende Reaktionen darauf, so Jaenicke, wären aus der narzisstischen Kränkung durch diese Konfrontation zu verstehen. Gegen diesen Druck wollte ich sie in Schutz nehmen, andererseits erhoffte ich für mich eine bessere Einschätzung dafür, ob wir tatsächlich in eine Sackgasse geraten waren oder notwendig gemeinsam mit ihr eine Krise durchzustehen hätten.

Mir ist durchaus bewusst, dass ich mich der Patientin sehr nahe fühle. Vermutlich weil es thematische „Überschneidungen" zwischen uns gibt, erschwert mir das einen distanzierteren Blick. So habe ich auch erfahren, wie schwer es ist, sich gegen eine vereinnahmende, weil narzisstisch bedürftige Mutter abzugrenzen, auch kann ich die Irritation und den Schmerz, nicht gemeint bzw. im Eigenen nicht erkannt zu sein, sehr gut nachvollziehen. Jetzt erst, als ich über Frau W. und unsere gemeinsame Arbeit erzähle, mir beim Sprechen selbst zuhöre, wird mir klar, wie sehr ich mit ihr identifiziert bin. Ich komme in eine ähnliche Verwirrung: Bin ich es, der über Frau W. berichtet? Spricht sie aus mir? Meine Stimme und meine Worte verlieren im Laufe der Darstellung an „Gewicht", so als ob ich mir nicht mehr Gehör verschaffen und zu den anderen schwer durchdringen könnte. Ich erlebe das gleichzeitig als beschämend, kann somit die parallel in mir ablaufenden Gedanken und Gefühle in der Situation nicht benennen, vielmehr taucht die Fantasie auf, ich könnte die anderen mit meinem Dilemma langweilen, noch schlimmer: Ich könnte mich in der Therapie völlig verrannt haben und mich vor dem gesamten Team blamieren.

Das bei den Teammitgliedern wachgerufene Erleben, zumindest derer, die sich beteiligen, ist meinem sehr entgegengesetzt: Sie würden die Patientin nicht authentisch erleben, sie erscheine ihnen oberflächlich, sie löse Ärger bei ihnen aus. Bei anderen wiederum seien gar keine Gefühle ausgelöst worden, sie würden nichts spüren und hätten das Bild einer leeren Hülle. So wie in der ambulanten Therapie zuvor sich über lange Zeit nichts verändert habe, sei es auch hier in der stationären Behandlung. Vieles sei Inszenierung, Frau W. wiederhole das mit uns, was sie mit ihrem Vater erlebt habe, der eine Klammer um sie gelegt habe – er könne sich vielleicht ja das Leben nehmen! In ähnlicher Sorge sei ich nun um sie. Wie soll sie Ärger aushalten, wenn wir uns den Ärger selbst nicht zugestehen, sprich, wenn *ich* ihn mir nicht zugestehe? Aber nur dieser Ärger ermögliche ihr, die missbräuchliche Beziehung zu ihrem (inneren und realen) Vater aufzugeben! Nur so sei Veränderung möglich.

Sehr unzufrieden gehe ich aus dieser Besprechung, gegensätzliche Punkte haben keine Annäherung erfahren, es hat keine gemeinsame Auflösung gegeben, die uns sonst so oft für die weitere Arbeit ermutigt hat. Auch wenn ich die Einwände rational nachvollziehen kann, merke ich in mir ein stures Beharren auf meiner Position (wiederum: Bin ich es, der gekränkt ist, oder ist es der Trotz der Patientin in mir?). Doch die sehr emotional und engagiert vorgetragenen Gefühle und Gedanken klingen in mir nach. Eine wichtige Rückmeldung war auch gewesen, dass die Patientin sehr lebendig und authentisch erscheine, solange ich von ihr berichte, wenn man dann auf sie zurückkomme, sei davon nichts mehr zu spüren. Hier bin ich an eine Formulierung von Ogden (1998) erinnert, der von einer „parasitären Abhängigkeit vom Innenleben des [Therapeuten]" (S. 1068) spricht.

In den folgenden Therapiestunden ändere ich mein Vorgehen nicht, auch nicht meine Einstellung Frau W. gegenüber, die mich nach wie vor rührt, wenn sie in ihre tiefe Trauer rutscht und der ich dafür Raum gebe. Gleichzeitig nehme ich aber eine veränderte innere Haltung bei mir wahr: Aggression taucht als etwas „Erlaubtes" auf, als Möglichkeitsform sozusagen, die im Hintergrund bleibt. Ich spüre, dass ich einem gewissen Sog nicht mehr erliege und sich damit eine Verwirrung auflöst. Trotz Mitgefühl kann ich mehr bei mir bleiben. Auch im Team meine ich eine Veränderung festzustellen: Was sich mir bisher als Druck gezeigt hat, bleibt aus. Es scheinen mir alle wohlwollender mit Frau W. umzugehen. Auch wenn unmittelbar keine Veränderungen sichtbar sind, hat niemand Einwände gegen eine Verlängerung der Behandlungszeit.

Einige Wochen später berichtet Frau W. überraschend, sie habe einen Brief an ihren Vater formuliert und sie liest ihn mir vor. Sie formuliert darin in aller Klarheit, worin sie sich durch ihn verletzt fühlte und fühlt, wie wütend sie auf ihn sei, wenn er ihr seine Sicht der Welt überstülpe oder sie ins Vertrauen ziehe über Themen, die sie nichts angingen und wie stark der Ekel sei, wenn er ihr damit, auch körperlich, zu nahe komme. Sie beschreibt konkrete Szenen, benennt klar ihre Gefühle. In einem schonungslosen Resümee gelingt ihr eine Balance zwischen Einfühlung in die Not des Vaters einerseits und klarer Selbstbehauptung und aggressiver Abgrenzung andererseits. Sie darf stolz drauf sein und ist es auch. Im Rückblick auf die Therapie zeigt sie sich dankbar dafür, dass ihr die Zeit gegeben wurde, diese Krise durchzustehen, ohne an eine Unterbringung im geschlossenen Bereich zu denken. Hilfreich sei unser Vertrauen in sie gewesen, sich dem Gefühl von Tot-Sein zu nähern und es bewusst zu erfahren sowie etwas zu schaffen, was sich wie ein lebendiges Leben anfühlt. Dafür habe sie wieder Zuversicht gewonnen.

Gemeinsam war es uns in der besagten Psychodynamikbesprechung gelungen, die Spannung gegensätzlicher Positionen zu ertragen, worauf sich ein intersubjektives Feld eröffnete, in welchem alle Beteiligten zu neuen Rollen und neuen Perspektiven finden konnten. Am deutlichsten trifft dies auf Frau W. selbst zu: Sie muss mich (den Vater) nicht mehr schonen, sobald sie spürt, dass ich mir inneren Freiraum verschafft habe, d.h. sobald sie mich als einen Vater wahrnehmen kann, der für sich selbst Sorge trägt und hinreichend abgegrenzt ist. Das Gesamtteam der Station hat mit der wohlwollenderen Haltung gleichsam wieder zu einer mütterlichen Rolle gefunden, was Frau W. als entlastende Triangulierung erleben kann und ihr einen nächsten Entwicklungsschritt ermöglicht.

Dieses Fallbeispiel verweist auch darauf, dass es in einer intersubjektiven Sichtweise kein Außerhalb geben kann. Patienten möchten uns an ihren Grund führen und seelische Zustände wie drohenden Selbstverlust oder auch Wahnhaftes zeigen. Diese Welt kann sich uns nicht einfach über Einfühlung erschließen, wir können uns nur auf ein gemeinsames intersubjektives Feld einlassen (Orange, 2004). Wenn das Erleben des Selbstverlusts „… aus einer intersubjektiven Katastrophe, nämlich aus der Erfahrung [resultiert], dass psychisch lebensnotwendige Beziehungen zur menschlichen Umwelt auf ihrer elementarsten Ebene zusammengebrochen sind" (Orange et al., 2001, S. 82), so ist das Hineingezogen-Sein in dieses Feld, die Begegnung auf dieser Ebene für uns Therapeuten potenziell gefährlich, weil auch für uns hier Missverstehen, Verdinglichung und Nicht-Anerkennung drohen. Jaenicke (2010, S. 40 ff.) spricht in diesem Zusammenhang von „kritischer Zuspitzung", wenn sich in der wechselseitigen Beeinflussung beide im therapeutischen Prozess verheddern und Grundannahmen über das Leben aufeinander prallen. An anderer Stelle (Jaenicke, 2006) hat er es „das Risiko der Verbundenheit" genannt.

5.5 Der „virtuelle Andere"

Wenn wir davon ausgehen, dass viele unserer Patientinnen mehr oder weniger bindungstraumatisiert sind, so heißt das, dass sie durchgehend in ihrem primären Bedürfnis nach Kommunikation und sozialer Antwort, d.h. nach kontingentem und markiertem Feedback im Sinne der Mentalisierungstheorie (Bolm, 2009, S. 38 ff.) enttäuscht und in ihrem sozialen Bedürfnis verletzt wurden. Nach solchen frühen Erfahrungen könnte man vermuten, dass sich Erwartungen an Responsivität in Grenzen halten oder gar nicht mehr einstellen. Umso erstaunlicher ist es, wie schnell Beziehungen sich im stationären Setting entwickeln, wie schnell sich Zugewandtheit und Bezogenheit einstellen und wir Patienten nicht einfach als „angepasst", sondern Begegnungen als stimmig erleben. Erfahrener Schmerz kann das elementare Bedürfnis nach Kontakt und Intersubjektivität nicht lahmlegen. Hier kommt das Konzept des „virtuellen Anderen" ins Spiel: Stein Bråten hat die Vorstellung von einem inneren, primären Gemeinschaftsprozess und Raum zur Dialogbildung formuliert und ihn als „virtuellen Anderen" bezeichnet (2012, S. 835). Mit diesem inneren virtuellen Anderen ist der Säugling bereits in Kontakt, bevor ein tatsächliches alter ego in diese Fußstapfen tritt, d. h., es gibt angeborene Erwartungen an einen Anderen und auch daran, welche Angebote erfüllend und befriedigend sind. „Der äußere Andere wird eingeladen, einen (seelischen) Raum zu betreten, der schon für ihn vorbereitet, aber noch nicht vollständig möbliert ist. Der Raum als solcher existiert schon und muss nicht erst geschaffen werden. Seine Existenz ist vielmehr die Voraussetzung dafür, dass der wirkliche Andere erwartet, eingeladen, willkommen geheißen oder abgelehnt werden kann" (Dornes, 2002, S. 306). Wenn eine Übereinstimmung zwischen dem virtuellen und tatsächlichen Anderen hergestellt wird, so glückt es damit nicht nur, dass der tatsächliche Andere unmittelbar gespürt wird, sondern auch, dass „... affektive Vitalitätsgefühle […] in den Beteiligten geweckt und von ihnen geteilt werden" (Bråten, 2012, S. 836). Wohlgemerkt, hier ist von Säuglingen die Rede, aber es ist, als ob dieser virtuelle Andere als innerlich angelegte intersubjektive oder dialogische Struktur wie ein Schläfer jederzeit reaktiviert werden könnte: „Das angeborene Du wird in der Begegnung mit dem tatsächlichen Du verwirklicht" (Bråten, 1988, zit. nach Dornes, 2002, S. 311).

Ergänzend sei hier der systemtheoretische Ansatz von Edward Z. Tronick erwähnt: Ein Neugeborenes sei trotz seiner Fähigkeit zur Selbstregulation darauf angewiesen, diese Regulationsfähigkeit zu erweitern, d. h., ein System sucht Verbindung mit einem anderen System, um Komplexität und Kohärenz zu steigern. Schmerzliche Erfahrungen können dieses Bedürfnis nach Expansion nicht auslöschen. „Wir suchen *immer* ‚Expansion', d. h. Kontakt mit einem zweiten System. Auch wenn die Suche im Schmerz endet, wird sie nicht aufgegeben, weil die Notwendigkeit der Expansion durch das Gefühl des Schmerzes nicht stillgelegt werden kann" (Dornes, 2002, S. 325). Den Zuwachs an Fähigkeiten erlebt der Säugling ebenso wie später der Patient als erfüllend. Beides also, das Expansionsbedürfnis und das Gefühl der Erfüllung (Dornes spricht hier von der Suche nach einer „Transformationserfahrung"), wären aus dieser systemischen Sicht die Motoren für Begegnung.

Beide Konzepte, sowohl Bråtens Vorstellung eines virtuellen Anderen, der den tatsächlich Anderen in einem bestehenden seelischen Raum willkommen heißt oder ablehnt, als auch Tronicks Idee, dass ein System nach Verbindung mit einem zweiten System sucht, um damit einen Zuwachs an Fähigkeiten zu erreichen, wären gut mit der Control-Mastery-Theorie (Brockmann & Sammet, 2003; Sammet et al., 2006) vereinbar, in der von einem „Testen" gesprochen wird: in sicheren Beziehungen können pathogene Überzeugungen vorgetragen werden, in der unbewussten Hoffnung auf eine korrigierende Erfahrung. Ein „plan-konform" handelnder Therapeut (d. h. er unterstützt den unbewussten

Plan zur Zielerreichung und trägt damit zur Auflösung von Blockierungen bei) wäre dann der erwartete tatsächliche Andere, welcher in die Fußstapfen des virtuellen Anderen tritt. Auch wenn ein Selbst sich von der Realität zurückgezogen und isoliert hat, hat es nicht resigniert, es „… verzehrt sich nach Wiedergutmachung […], danach, wieder eins zu werden, danach, dass der Bruch wieder beseitigt wird" (Gurevich, 2012, S. 1081).

5.6 Präsenz

Wenn hier die Betonung auf frühe Formen der Begegnung gelegt wurde, so in dem Verständnis, dass Bindungsaufbau, Affektregulierung, Spiegelung und Rhythmisierung das Fundament unserer Arbeit darstellen. Ohne Beachtung dieser „frühen" prozeduralen und prä-verbalen Prozesse kommen Therapien nicht nachhaltig in Gang. „Die therapeutische Beziehung ist der Rahmen, in dem Veränderungen stattfinden, sich die Kompetenz des Patienten erweitert" (Höger, 2005, S. 49). Ein anderer Grund liegt in der Überzeugung, dass Traumatisierungen auch mit Abwesenheit zu tun haben: die Abwesenheit eines hinreichend guten Umfelds, die Abwesenheit einer Mutter (eine Mutter, die nicht reagiert, die nicht zurücklächelt, ist eine abwesende Mutter). In Bezug auf die Still-Face-Experimente, in denen dramatisch vor Augen geführt wird, wie sehr ein Nicht-Antworten den Säugling abstürzen und psychisch sterben lässt, hat es Gurevich (2012) so formuliert: „Das Lächeln hängt in der Luft, wie eine ausgestreckte Hand, die nicht ergriffen wird" (S. 1075). Die äußere Abwesenheit wird zu einer inneren Abwesenheit und tritt uns als Dissoziation gegenüber. Unsere Aufgabe sehen wir darin, diese ausgestreckte Hand zu ergreifen und Patientinnen in ihrem Glauben zu stärken, dass der andere verfügbar ist und dass auf ihn eingewirkt werden kann. Dazu braucht es Anwesenheit, also Präsenz und eine Sprache für die Anwesenheit, die eine „Sprache der Zärtlichkeit" (im Sinne von Ferenczi, 1933) sein muss. Wenn wir so zu einem Gegenüber werden, kann dies „… der Knotenpunkt werden, von dem Wandel ausgeht, in dem Abwesenheit zu Anwesenheit wird und ein Übergangsraum eröffnet wird, der Patienten, die unter diesen schmerzlichen und komplexen psychischen Zuständen leiden, ermöglicht, das Bedürfnis nach Abspaltung aufzugeben und innere Räume für neue Erfahrungen zu schaffen" (Gurevich, 2012, S. 1097).

Diese Aufgaben sind nicht von Einzelnen zu lösen, sondern nur von einem Team. Wenn es gelingt, die Authentizität und Subjektivität aller Mitglieder aufrechtzuerhalten, so fördert dies die Zusammenarbeit und wirkt integrativ. „Das Kraftfeld einer Familie wird in erster Linie von den Eltern gebildet. Die Welt eines Kindes ist zumindest grundlegend in Ordnung, solange Vater und Mutter in seinen Träumen und im Außen aufeinander bezogen sind und trotz Konflikten und Spannungen ein Miteinander gelingt" (Kübber, 2007, S. 154). Das gilt auch in der Verantwortung für Patienten, was heißt, dass die Arbeitsfähigkeit und therapeutische Wirksamkeit eines Teams dann gegeben ist, wenn trotz unterschiedlicher Auffassungen, Differenzen und zeitweisen Konflikten die Bezogenheit aufeinander erhalten werden kann und ein Kraftfeld aufgespannt bleibt. Die Aufrechterhaltung dieses Kraftfeldes ist vermutlich das stärkste therapeutische Agens, worüber wir als Team verfügen.

6 Ordnungsübergänge

„Die Blickweise nichtlinearer dynamischer Systeme hilft uns zu verstehen,
dass sowohl das Neue und Schöpferische wie auch das Desorganisierte
und Destruktive Potentiale ein und desselben Systems darstellen."
Louis W. Sander[8]

Eine stationäre Therapie ist nur ein Teil in einer Therapiekette, ein Abschnitt innerhalb eines längeren therapeutischen Prozesses, und doch in sich abgeschlossen, mit klar definiertem Beginn und vereinbartem Ende. Ein Zyklus wird durchlaufen, und wie alle Zyklen hat auch dieser eine Dynamik des Beginns und des Abschieds. Bei vielen Patientinnen ist der natürliche Rhythmus des Lebens, des Wachsens und Veränderns, des Durchlaufens von Phasen in einem Lebensprozess zur Stagnation gekommen: sie waren vor ihrer stationären oder tagesklinischen Aufnahme oft in sich endlos wiederholenden Schleifen von depressiven Einbrüchen oder in jahrelangem sozialphobischem Rückzug gefangen. Beispiel: Herr P., der sich nach dem Abbruch des Studiums mehr als 10 Jahre im elterlichen Haus in seinem Zimmer verschanzte und nur nachts in die Küche ging, um Konfrontationen mit den Eltern aus dem Weg zu gehen. Oder Frau R., die vom 18. bis zum 30. Lebensjahr einzig mit ihrem Lebensgefährten in Kontakt war. Ängste hatten sie daran gehindert, am Arbeits- und Sozialleben teilzuhaben, ein komplexes Zwangssystem ließ es nicht zu, dass Besucher durch ihre Wohnungstür traten. Der Fluss des Lebens wirkt hier wie ausgetrocknet, der lebendige Wandel von Bindung und Trennung, von Beziehung und Abschied scheint erstarrt.

Wenn wir therapeutische Prozesse als dynamisch und selbstorganisierend begreifen, stellt sich die Frage, wie Patientinnen aus den beschriebenen Stagnationen heraus wieder ins Leben kommen und sich in eine natürliche Entwicklung einbinden können. Mehrere Modelle finden sich, welche einen solchen Prozess als Kreislauf darstellen. Lauterbach beispielsweise (2007) hat den „… kreis- oder spiralförmig angelegten Prozess von Werden und Vergehen, Wachsen und Ernten" (S. 74) als Lebenszyklus beschrieben, in welchem die Bindungsthematik offensichtlich ist und deutlich wird, wie sehr wir uns in und durch Begegnungen verändern (vgl. Abb. 6). Dieser Zyklus zirkuliert zwischen den Stadien „Kontakt aufnehmen", „Höhepunkt der Kontinuität", „Abschied nehmen" und „Veränderung/Verwandlung/Integration".

Hale (1994), auf die sich Lauterbach in seinem Lebenszyklus bezieht, verbindet diesen Kreislauf mit Ritualen: Zugehörigkeits- und Trennungsritualen, Ritualen der Beständigkeit und der Wandlung. Nachvollziehbare ritualisierte Abläufe sind auch im Stationsalltag hilfreich und erfüllen wichtige Funktionen: Wie werden neue Patientinnen begrüßt und in die Stationsgemeinschaft aufgenommen, um ihre Integration zu fördern? Wie werden Abschiede vorbereitet und gestaltet? Wir sind gefordert, den Therapieeinstieg sowohl

---

8 Sander (2009, S. 287).

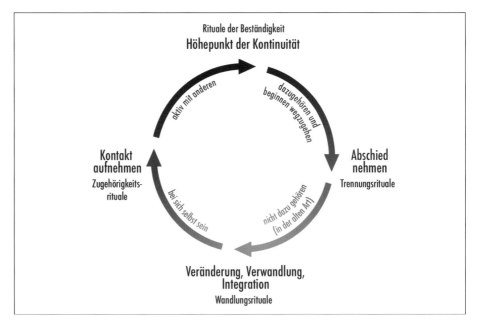

Abbildung 6: Lebenszyklus nach Hale (1994) und Lauterbach (2007).

strukturell als auch über Beziehungsangebote optimal zu gestalten. Umgekehrt ist es spannend zu beobachten, wie Patienten selbst den Beginn, das Vertraut-Werden mit dem Team und mit den Mitpatienten in Szene setzen, wie sie die Bühne der Station betreten und wie sie Abschiede beim Verlassen der Bühne gestalten. Trennungen und Abschiede erfordern ein Gefühl von Sicherheit und Stabilität. So erzählt Herr F. stolz zwei Wochen vor der Entlassung: „Heute ist ein neuer Patient in die Tagesklinik aufgenommen worden und ich hab' ihn gleich angesprochen und begrüßt, jetzt kennt er mich als ersten! Ich weiß ja noch genau, wie lange ich gebraucht habe, mich aus dem Zimmer nach vorne ins Foyer zu wagen!"

Ein weiteres zirkuläres Modell entwirft Schacht (1992, 2009) im sogenannten Spontaneitäts-Kreativitäts-Zirkel (vgl. Abb. 7, innerer Kreis). Um aus Stagnationen und problematischen Beziehungs- oder Verhaltensmustern (psychodramatisch gesprochen Rollenmuster oder „Konserven") auszusteigen, bedarf es der Erwärmung. Dieser Erwärmungsprozess führt zu Spontaneitätslagen, in denen (manchmal sind es nur kurze Momente) Neues auftaucht und spontanes Handeln möglich wird. Als Makrozyklus bildet dieser Kreislauf idealtypisch den Prozess einer Therapie ab. Selbstähnlich können sich in allen Phasen entsprechende Mikrozyklen wiederholen.

Erwärmung ist als kontinuierlicher Prozess zu verstehen, welcher schon vor einer Therapiesitzung (auf einer anderen Zeitskala: vor dem stationären Aufenthalt) beginnt und

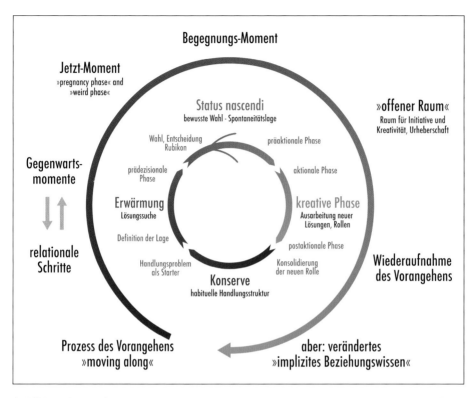

Begegnungs-Moment

Jetzt-Moment
»pregnancy phase« and
»weird phase«

Status nascendi
bewusste Wahl - Spontaneitätslage

»offener Raum«
Raum für Initiative und
Kreativität, Urheberschaft

Wahl, Entscheidung
Rubikon

präaktionale Phase

Gegenwarts-
momente

prädezisionale
Phase

aktionale Phase

Erwärmung
Lösungssuche

kreative Phase
Ausarbeitung neuer
Lösungen, Rollen

Definition der Lage

relationale
Schritte

postaktionale Phase

Handlungsproblem
als Starter

Konserve
habituelle Handlungsstruktur

Konsolidierung
der neuen Rolle

Wiederaufnahme
des Vorangehens

Prozess des Vorangehens
»moving along«

aber: verändertes
»implizites Beziehungswissen«

Abbildung 7: Der innere Kreis zeigt das im Psychodrama entwickelte Spontaneitäts-Kreativitäts-Modell von Schacht (2009), der äußere Kreis versucht, das Konzept der Begegnung von Stern (2010) als zyklisches Modell darzustellen und die Parallelen der beiden Modelle sichtbar zu machen.

sich danach fortsetzt. Erwärmung ist wichtig, um Patientinnen an ein szenisches Arbeiten heranzuführen, wobei alle Beteiligten, auch die Leiterinnen, dieser Erwärmung auf der psychischen, sozialen und körperlichen Ebene bedürfen. Als hilfreich können sich dabei verschiedene Erwärmungstechniken erweisen. Darüber hinaus ist Erwärmen auch als Wahrnehmungsprozess zu verstehen, als „Erfassen der Lage" (Erkennen relevanter Muster), als „Bewusstwerdung der Wahlmöglichkeiten" und als „Erkenntnis der perfekten Ziele" (Schacht, 2009).

Dieses psychodramatische Modell fügt sich in eine systemische Sicht von Psychotherapie als Selbstorganisationsprozess ein, welche Psychotherapie als ein dynamisches und adaptives Schaffen von Bedingungen für selbstorganisierten Musterwandel im bio-psycho-sozialen System des Klienten versteht (Schiepek et al., 2013a). An diesem Schaffen von Bedingungen für Selbstorganisation sind Therapeutin, Patientin und das gesamte

Team kooperativ beteiligt. Die Bedingungen dafür werden als *generische Prinzipien* formuliert:

1. Schaffen von Stabilitätsbedingungen (Maßnahmen zur Schaffung struktureller Sicherheit, Beziehungsqualität und Vertrauen zum Therapeuten, zudem Unterstützung und Sicherheit, die ein Patient aus sich selbst heraus erhält).
2. Identifikation von Mustern des relevanten Systems (Fallkonzeption, Beschreibung von Beziehungsmustern).
3. Herstellung und Beachtung des Sinnbezugs (persönliche Entwicklungsprozesse sollten als sinnvoll und bedeutsam erlebt werden).
4. Ermöglichung von Veränderungsmotivation und „Energetisierung" (z. B. Aktivierung von Ressourcen, Intensivierung von Emotionen, Orientierung an positiv erlebten Zielen [Annäherungsziele sensu Grawe]).
5. Rechtzeitiges Erkennen von Destabilisierung und Fluktuationsverstärkung (z. B. Eröffnung veränderter Erfahrungsmöglichkeiten, Einführung neuer kognitiver Perspektiven und Unterscheidungen im zeitlichen Umfeld von Destabilisierung).
6. Resonanz und Synchronisation mit den Rhythmen und Entwicklungstempi des Patienten, sowie Beachten des „Kairos" (Erkennen von Momenten, an denen sich Chancen bieten, v. a. Phasen kritischer Instabilität).
7. gezielte Symmetriebrechung (Unterstützung beim [v. a. erstmaligen] Erproben neuer Verhaltensweisen und kognitiv-emotionaler Muster).
8. Stabilisierung neu entwickelter Kognitions-Emotions-Verhaltensmuster (z. B. über Wiederholung, positive Verstärkung, Integration neuer Muster in bestehende Selbstkonzepte).

Bei den generischen Prinzipien handelt es sich allerdings nicht um ein Phasenmodell, sondern um Entscheidungsregeln und Heuristiken für das Prozessmanagement einer Therapie. Die konkrete Anwendung der generischen Prinzipien auf systemische Fallkonzeptionen und Fallbeispiele hat Rufer (2012) in überzeugender Weise dargestellt.

Demgegenüber ließe sich Sterns Modell des Gegenwartsmoments (vgl. oben Kap. 2.6), in dem er sich gleichermaßen auf die Säuglingsforschung wie auf Theorien komplexer dynamischer Systeme bezieht, durchaus als Phasenmodell darstellen. Die Korrespondenz mit dem Spontaneitätszirkel des Psychodramas von Schacht ist deutlich, allerdings erweitert um intersubjektive Aspekte. Die erste Phase des Arbeitsbeginns entspricht dem „Vorangehen" in relationalen Schritten – beobachtbare kleinste Einheiten im Interaktionsprozess, die ein Tuning, Resonanz und Anpassung der Beziehung ermöglichen sollen. Aus dieser Phase resultieren Gegenwartsmomente, wobei der improvisierende Interaktionsprozess in der Regel auch Brüche und kommunikative Wiederherstellungsprozesse (*crisis-repair*-Sequenzen, s. Gumz et al., 2012) enthält. Aus wiederholten Gegenwartsmomenten und dem Prozess wechselseitiger Regulation bilden sich „Schemata des Zusammenseins-Mit", die den Beteiligten vertraut werden. An „... diesem Vertraut-Sein orientieren sich fortan Erwartungen" (Stern et al., 2012, S. 65). Die relationalen Schritte wären der „Definition der Lage", das Voranschreiten der Erwärmungsphase vergleichbar. Wenn in diesem Voranschreiten ein unvorhergesehener Moment auftaucht, qualitativ anders, meist affektiv besetzt, so ist dies ein „Jetzt-Moment" *(now moment)*. Stern et al. (2002) unterteilen *now moments* nochmals in drei Phasen

- in der pregnancy phase würde ein Gefühl entstehen, dass etwas bevorsteht,
- in der weird phase („merkwürdige und unheimliche Phase") wird „… realisiert, dass man einen unbekannten, nicht erwarteten intersubjektiven Raum betreten hat" (S. 990),
- in der decision phase (Entscheidungsphase) geht es darum, ob der now moment therapeutisch ergriffen wird (Rubikon) und in einen Begegnungsmoment mündet oder ob die Gelegenheit verpasst wird (Kairos).

Nach dem Begegnungsmoment (status nascendi) eröffnet sich für die Akteure die Möglichkeit, sich voneinander zu lösen. Der dadurch entstehende „offene Raum" ist ein Raum für Initiative und Kreativität (kreative Phase, Ausarbeitung neuer Lösungen, auftauchende Urheberschaft). „Im Augenblick des Sich-voneinander-Lösens, im offenen Raum, ist die wechselseitige Regulierung vorübergehend suspendiert" (S. 985). Danach wird der Prozess des Vorangehens wieder aufgenommen, allerdings auf der Basis einer neuen Bezogenheit und eines veränderten „implizites Beziehungswissens" (Stern et al., 2012).

Die oben beschriebenen Zirkel (vgl. Abb. 6 und 7) geben je nach methodischem Zugang eine Folie ab für das Verständnis von Behandlungsverläufen. Die Idee ist, dass diese Prozesse mehrfach sowohl als Mikro- als auch als Makrozyklen zu durchlaufen sind. Jeder Zyklus besteht aus einer Reihe kleinerer Zyklen. Eine Therapie wird dann erfolgreich und „rund", wenn in Bezug auf ein zentrales Thema oder auf ein Behandlungsziel mindestens ein solcher Kreislauf durchgegangen wird. Dies kann idealerweise den Anstoß geben für eine längerdauernde therapeutische Auseinandersetzung oder einen mehrjährigen individuellen Entwicklungsprozess. Jenseits aller vertretenen Methoden können wir bei Aufrechterhaltung eines stabilen Rahmens (generisches Prinzip 1) und bei Aktivierung von Veränderungsparametern (Veränderungsmotivation, Gesundungspläne; generisches Prinzip 4) auf die Eigendynamik dieser Entwicklungsprozesse vertrauen. Wir stellen somit die Bedingungen für Selbstorganisationsprozesse her. Aus einer intersubjektiven Sicht heißt dies, dass wir zusammen mit den Patientinnen in die Dynamiken und Turbulenzen dieser Selbstorganisationsprozesse und Kreisläufe eingebunden sind, dass wir uns gemeinsam mit ihnen entwickeln. Nicht immer ist dieses Mitgestalten ein bewusster Prozess. Phasenweise ist es ein Mitagieren im Sinne eines Handlungsdialogs, wir nehmen zugeschriebene Rollen ein, um sie im Prozess aber auch umzuschreiben. Wir spielen in den Eröffnungsszenarien mit, wir benötigen wie unsere Patienten eine Phase der Erwärmung und erleben in Bezug auf sie Krisen und Instabilitäten. Der Kreislauf von Beginn und Abschied ist eine gemeinsame Produktion, nichts geschieht in einem derartig vernetzten System isoliert.

Was letztlich zu einem entscheidenden Wendepunkt führt (einem Begegnungsmoment, psychodramatisch gesprochen einer Spontaneitätslage, aus der Sicht der Synergetik zu einer Instabilität mit anschließendem Ordnungsübergang), ist nicht planbar und hängt oft nur von kleinen Anregungen ab, sei es dass diese von Außerhalb, aus dem Stationsleben, durch therapeutische Interventionen aus dem Team oder aus einem inneren Prozess heraus kommen. Die Erfahrung zeigt, dass es oft nur kleine Anregungen sind, welche „… zu großen Veränderungen des Systemverhaltens führen [können], und heftige Interventionen können umgekehrt von der Stabilität etablierter Ordner und Attraktoren absorbiert werden" (Schiepek, 2009, S. 297). Ein „Mehr Desselben" ist in den wenigsten Fällen hilfreich. Immer aber ist es die therapeutische Beziehung, die den Rahmen abgibt, in dem Veränderungen stattfinden und sich die Kompetenz des Patienten erweitert (Höger, 2005, S. 49). Dynamische Ordnungsübergänge sind auf das Erleben von Stabilität angewiesen (Destabilisierung im Kontext von Stabilität), und wie sich auch in unserem Psychotherapiemonitoring im SNS immer wieder zeigt, korreliert eine positiv erlebte Beziehung zu Therapeuten und zu Mitpatientinnen im Therapieverlauf hoch mit einem positiven Therapieergebnis (Haken & Schiepek, 2010, S. 424 f.; Schiepek et al., im Druck).

Wie wichtig es ist, die therapeutische Beziehung vor allem in Krisenzeiten zu einem Ort der Sicherheit und Stabilität werden zu lassen (generisches Prinzip 1: Schaffen von Stabilitätsbedingungen), mögen die beiden folgenden Fallbeispiele zeigen.

Fallbeispiel: Destabilisierung im Kontext von (Beziehungs-)Stabilität

Frau H., eine Patientin Mitte 30, war nach einer Trennungssituation in eine schwere suizidale Krise gestürzt – mit Depressionen, Ängsten und Panikattacken[9]. Im Verlauf einer siebenwöchigen Therapie entsteht in der dritten Woche ein regressiver Sog, alle aktuellen Beziehungen abzubrechen, die Kinder dem geschiedenen Mann zu überlassen und zurück in die Heimat zu gehen, um dort mit Unterstützung der Herkunftsfamilie einen Neuanfang zu starten. Dies ist als Wunsch zu verstehen, die alten Beziehungswelten zu erkunden, vielleicht auch der emotional kühlen und entwertenden Mutter doch noch die ersehnte Beachtung und Beweise der Liebe zu entlocken.

Dieses riskante Unterfangen – die Patientin reist wirklich über ein Wochenende zu den Eltern – endet mit der Erkenntnis der Unzeitgemäßheit ihrer Sehnsüchte und einer erstarkten Zuversicht, wieder Verantwortung für sich und ihre Kinder übernehmen zu wollen und auch zu können. In den Abbildungen 8 und 9 werden diese Krise und der folgende Ordnungsübergang sichtbar. Auf der Basis einer sehr tragfähigen therapeutischen Beziehung konnte das Wagnis eingegangen werden, dem regressiven Bedürfnis nachzugeben, vielleicht auch auf etwas Schmerzendes zu blicken und sich nochmals bewusst den Verlustängsten zu stellen.

---

9   Eine detaillierte Beschreibung dieser Fallgeschichte mit dem erwähnten Ordnungsübergang findet sich in Schiepek, Kronberger und Aichhorn (2013b).

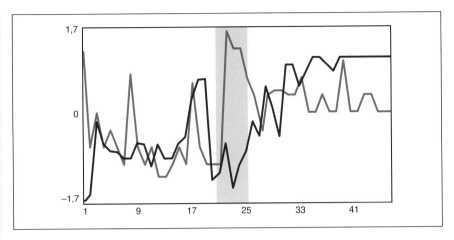

Abbildung 8: In der beschriebenen Krise und dem folgenden Ordnungsübergang steht einem Einbruch in den erlebten therapeutischen Fortschritten (Faktor I des Therapie-Prozessbogens [TPB] „Therapeutische Fortschritte/Zuversicht/Selbstwirksamkeit", blau) ein starker Anstieg in der Beziehung zu dem/den Therapeuten gegenüber (Faktor III „Beziehungsqualität/Vertrauen/Offenheit zu den Therapeuten", rot). Die Beziehungsqualität nimmt in dieser Phase sprunghaft zu und stabilisiert sich dann auf einem höheren Niveau.

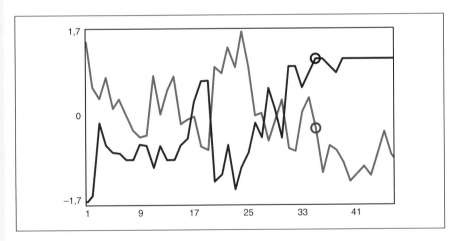

Abbildung 9: Verlauf der Faktoren I „Therapeutische Fortschritte/Zuversicht/Selbstwirksamkeit" (blau) und VII „Beschwerden und Problembelastung" (rot) des mit Hilfe des Synergetischen Navigationssystems (SNS) täglich ausgefüllten Therapie-Prozessbogens (TPB). Der Punkt nach Beendigung der Krise, ab dem sich das System erkennbar stabilisiert und auf die „Zielgerade" einschwingt, wird mit folgender Tagebucheintragung verdeutlicht (kleiner blauer bzw. roter Kreis): „Heute bin ich wieder zurück nach Salzburg gefahren und hatte das Gefühl, ich fahre nach Hause. [...] Ich will mich nun wieder meinem Leben stellen und bin zuversichtlich, dass ich es schaffe."

Fallbeispiel: Späte Krise

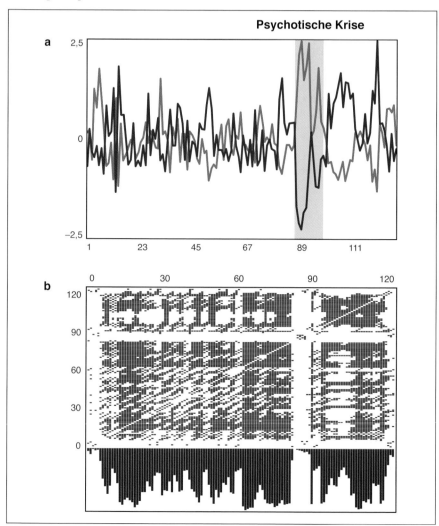

Abbildung 10: (a) Verlauf der Faktoren I „Therapeutische Fortschritte/Zuversicht/Selbst-
wirksamkeit" (blau) und VII „Beschwerden und Problembelastung" (rot) des
TPB im Therapieprozess von Herrn I.

(b) Recurrence Plot von Faktor VII „Beschwerden und Problembelastung".
Dieser macht den transienten Zustand der beschriebenen Krise deutlich. Das
Verfahren macht wiederkehrende Muster von Zeitreihen in einem Zeit×Zeit-
Diagramm erkennbar. Deutlich werden Musterwechsel (Ordnungsübergänge)
und Transienten (Perioden kritischer Instabilität) (Schiepek et al., 2013a,
S. 61). Weiße Flächen (fehlende Recurrence-Punkte) bedeuten, dass keine
wiederkehrende Dynamik vorliegt, also mehr „eigenwillige" *Out-of-attrac-
tor*-Dynamik im System zu finden ist, während schwarze Punkte auf wiederkehrende Prozessmuster in der Zeitreihe verweisen.

Wie lange innere Stabilisierungsprozesse vor allem bei Patienten mit psychotischen Tendenzen dauern können, zeigt das Beispiel von Herrn I., einem Physikstudenten Mitte 20 mit einer Ablöseproblematik. Er hatte sich gegen seine intrusive Mutter in aggressiver Weise abzugrenzen versucht und war in dieser für ihn nicht bewältigbaren Konfliktspannung psychotisch geworden. Nach langem stationärem Aufenthalt kommt es ca. 4 Wochen vor Entlassung zu einer kritischen Instabilität (vgl. Abb. 10a, b). Durch einen grippalen Infekt körperlich geschwächt, treten massive Albträume auf, wie er sie als Fieberträume aus früher Kindheit kennt: sich verengende Räume und einstürzende Wände vermitteln ein Gefühl des Sich-Auflösens, sein Selbst droht gegenüber einer unermesslichen Größe zu verschwinden (vielleicht eine Reaktivierung des Geburtstraumas mit damals perinatalem Sauerstoffmangel). Mit der gewonnenen Sicherheit und Ich-Stärke gelingt es Herrn I. jedoch, sowohl auf diese frühen Träume und das damit verbundene Grauen zu schauen, im Hier und Jetzt diesen Ängsten des Zerfallens Worte zu geben und Verbindungen zu verschiedenen bewussten und unbewussten Prozessen herzustellen. Es gelingt ihm, diese seelische Erschütterung produktiv zu nutzen und, wie Krüger es nennt, in den Prozess der Selbststeuerung zurückzufinden. Damit kann er „… sein Ich in seiner Arbeit wieder empfinden und erleben" (Krüger, 2001, S. 263).

Schacht betont, wie sehr therapeutische Prozesse und andere persönliche Metamorphosen aus „… vielfältig ineinander verwobenen Zyklen der Selbstorganisation" (1992, S. 100) bestehen. „Im Verständnis dieses Modells wäre Wirklichkeit als unendlich feines Gewebe miteinander verflochtener Selbstorganisationsprozesse zu verstehen" (ebd. S. 101). Die folgenden Fallbeispiele illustrieren einzelne Facetten und Zyklus-Ausschnitte krisenhafter Verläufe und Wendepunkte im therapeutischen Prozess. In den SNS-Darstellungen werden diese als Ordnungsübergänge sichtbar. Es kann damit quasi in „Echtzeit" nachverfolgt werden, wie die dafür notwendigen Stabilitätsbedingungen entstehen, welche Auslöser es für die Krisen gibt, welche Interventionen und welche Haltungen des Teams hilfreich sind und welche Bewältigungsstrategien eingesetzt werden können. Die Beispiele zeigen auch, wie wir in den intensiven Therapieprozessen von Beginn an involviert waren und Veränderung nur in einem Miteinander hervorgebracht werden kann. Dies steht in deutlichem Gegensatz zu einem Expertinnen-Selbstverständnis und zu jedem Versuch, mit diagnostischem, methodischem und technischem Wissen ausgerüstet als Beobachterinnen außerhalb des therapeutischen Prozesses zu bleiben. Interessanterweise wird dieses Involviertsein durch das SNS nicht geschwächt, sondern gefördert. Dass dieses Rollenverständnis mit Erfahrungen von Kontrollverlust einher gehen und potenziell Angst auslösen kann, hat Jaenicke das „Risiko der Verbundenheit" (2006) genannt. Die Momente der Begegnung können zu kritischen Momenten werden, an denen unsere Grundannahmen auf dem Prüfstand stehen. Die Herausforderung besteht dann darin, „… die Tiefe unserer Beteiligung anzunehmen. Um zu verändern, müssen wir uns selbst verändern lassen" (Jaenicke, 2010, S. 26).

6.1 Fallbeispiel „Es ist meine letzte Chance!"

Fallbeispiel: Frau A.

Frau A., eine 42-jährige Patientin, befindet sich seit ihrem 18. Lebensjahr mit Unterbrechungen in psychiatrischer und psychotherapeutischer Behandlung und wurde in dieser Zeit mit den verschiedensten Diagnosen bedacht: rezidivierende depressive Störung, bipolare Störung,

Panikstörung, emotional instabile Persönlichkeitsstörung, Traumafolgestörung. Mit Ausnahme von kurzen Zeiten (wie den Beginn ihrer Ehe und der Geburt ihres Sohnes) definierte sich Frau A. ihr ganzes Erwachsenenleben lang als krank. Die jahrelangen Therapien und psychiatrischen Aufenthalte ließen das Kranksein zu ihrer zweiten Identität werden. Anders formuliert: Klinik und Behandlerinnen sind neben der Familie ungewollt zu einem Teil des Problemsystems geworden. Sie waren in die Rolle der Sorgenden, der Kümmerer gedrängt, nahmen ihr Verantwortung ab, übernahmen Schutzfunktionen durch körperliche Nähe und sahen sich als Tröster. Ausdruck der Ohnmacht aller Beteiligten waren nicht nur die oft Monate dauernden Klinikaufenthalte (vor der Verlegung auf unsere Station war sie fast durchgehend ein Jahr in stationärer Behandlung), sondern auch die immer wieder angewandten Elektrokrampftherapien.

Biografischer Hintergrund ist der Suizid ihrer älteren Schwester in der Adoleszenz, den Frau A. im Alter von 12 Jahren miterlebte. Dies bedeutete eine Traumatisierung nicht nur für die Patientin, sondern für die gesamte Familie: die Eltern, v. a. die Mutter, würden forthin alles tun, dass dieses Drama sich nicht wiederholte und brachten sie damit in die Rolle der zu schonenden Prinzessin.

Die Herausforderung für das Team besteht darin, einerseits in ein Mitgefühl für die Patientin zu kommen und dieses auch aufrechtzuerhalten, in Momenten der Verzweiflung ihr Zuversicht und Hoffnung zu vermitteln, sich aber andererseits von symbiotischen Verstrickungen frei zu halten. Es gilt, sie in ihren Autonomiewünschen, ihrer Selbstwirksamkeit, ihrem Bedürfnis nach Abgrenzung innerhalb der Familie, ihrer Konfliktfähigkeit und ihrer Rolle als Mutter zu stärken.

Innerhalb der ersten vier Wochen droht das Projekt zu scheitern. Undifferenzierte Affektzustände, in denen Gefühle von Hilflosigkeit, unerträglicher Spannung und Angst dominieren, werden so massiv (v. a. nach abendlichen Besuchen der Mutter), dass suizidale Gedanken überhand nehmen und sie zweimal auf die geschlossene Station transferiert und dort für einige Tage untergebracht werden muss. Im Team besteht kaum mehr Hoffnung, dass mit Frau A. ein therapeutischer Prozess gelingen könnte. Allen ist im Hintergrund die endlos lange Geschichte von ambulanten Therapien und von Klinikeinweisungen durch die Mutter (die hilflos die Tochter abgab, weil sie sie „keine Minute alleine lassen" konnte) im Bewusstsein. Es kommt uns vor, als ob hier Automatismen gegriffen hätten, die wir jetzt auch auf unserer Station ohnmächtig miterleben. Dennoch kommt nach einer kontroversen Diskussion im Team die Entscheidung: „Versuchen wir es ein letztes Mal!".

Von allen an der Therapie Beteiligten wird ihr nach der Rückkehr von der zweiten Unterbringung zu verstehen gegeben, dass es ausschließlich an ihr liege, die Möglichkeiten der Psychotherapiestation zu nutzen. „Es ist meine letzte Chance", so nennt es Frau A. selbst, und in der Stationsgruppe bekräftigt sie auf Nachfragen auch in der Öffentlichkeit der Stationsgemeinschaft nochmals mutig ihre Bereitschaft zur Therapie – ab jetzt gibt es kein Zurück mehr! Mittlerweile ist sie trotz der beiden Unterbringungen gut in die therapeutische Gemeinschaft eingebunden, hat freundschaftliche Beziehungen aufbauen können, das Skills-Training hat begonnen und in der Musiktherapie ist erstmals ein Ausdruck von Wut möglich. Abbildung 11 verdeutlicht, dass sich etwa ab dem Ende der vierten Behandlungswoche die Rahmenbedingungen für ein therapeutisches Arbeiten einstellen, ersichtlich daran, dass sich die beiden Beziehungsfaktoren des täglich ausgefüllten Therapie-Prozessbogens (Faktor II „Klima/Atmosphäre an der Klinik" und Faktor III „Beziehungsqualität/Offenheit/Vertrauen zu den Therapeuten") auf einem höheren Niveau stabilisieren.

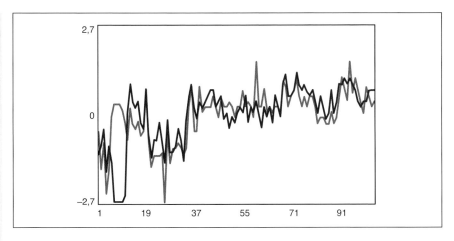

Abbildung 11: Verlauf der Faktoren II des TPB „Klima/Atmosphäre in der Klinik" (blau) und III „Beziehungsqualität/Offenheit/Vertrauen zu den Therapeuten" (rot). Die beiden Faktoren zeigen durchwegs einen synchronen Verlauf und stabilisieren sich nach den beiden etwa einwöchigen Unterbringungen auf einer geschlossenen psychiatrischen Station ab dem Ende der vierten Behandlungswoche auf einem höheren Niveau.

Die im Folgenden auftretenden Krisen sind durchweg in den Begegnungen mit ihr aufzufangen, sei es in den Therapiestunden, sei es in Gesprächen mit dem Pflegepersonal: oft genügt ein kurzes Trösten, ein Vermitteln von Hoffnung, ein Bekräftigen ihrer Fähigkeiten und die Erinnerung an ihre erlernten Skills. An den Wochenenden sind diese Krisen stärker und es bedarf dann der Rückkehr auf die Station und das hier vertraute Klima, um sich zu beruhigen. Auch wenn wir Fortschritte sehen, so sind wir doch in einem Spiel gefangen.

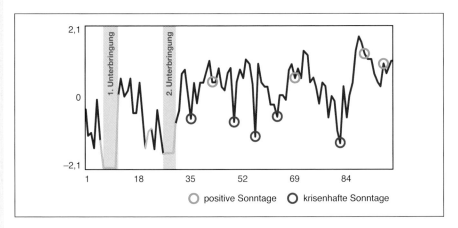

Abbildung 12: Verlauf von Faktor I des TPB: „Therapeutische Fortschritte/Zuversicht/Selbstwirksamkeit". Mit kleinen Kreisen markiert sind krisenhafte (rot) und positiv erlebte (grün) Sonntage zu Hause.

In Abbildung 12 zeigt sich der krisenhafte Verlauf der Therapie. Es ist zu sehen, wie sich an den Wochenenden, welche sie jeweils mit ihrem familiären System und den Herausforderungen der Mutterrolle konfrontieren, diese Krisen zuspitzen und sie dies als Rückschritt erlebt. In dieser Phase der Behandlung ist es auch wichtig, mit ihrer ambulanten Therapeutin zu kooperieren, die Mutter zu einem Gespräch einzuladen, aktuell eine Betreuung für die Tochter zu organisieren und Vorbereitungen für eine ambulante Familienbetreuung nach dem stationären Aufenthalt zu treffen. Abbildung 13 zeigt die ausgeprägt synchrone Dynamik ihrer Emotionalität und ihrer Problembelastung, Abbildung 14 das Komplexitäts-Resonanz-Diagramm dieser Therapie.

Als eine entscheidende Wende können wir (aus unserer Perspektive) folgende Situation ausmachen: In einem Therapiegespräch, in dem sich Ängste und Hilflosigkeit so intensiv erweisen, dass eine Unterbringung wieder im Raum steht, bringe ich (H. K.) – auch aufgrund eigener Ermüdung – kaum Geduld für sie auf, kein beruhigender Satz, nur Bestätigung ihres Empfindens. Enttäuscht meldet sie sich im Dienstzimmer und erfährt von einer Schwester in einem kurzen Gespräch dieselbe Reaktion mit der Botschaft, sie müsse in Verantwortung bleiben. Die dann doch noch hinzu gerufene Ärztin, sie auch kurz vor Dienstschluss stehend, zeigt sich ebenfalls eher verärgert, grenzt sich ab und mahnt ihre Eigenverantwortlichkeit ein.

Am nächsten Tag dann berichtet sie zu meiner Überraschung und Erleichterung – ich hatte in der Zwischenzeit doch Sorge und auch ein schlechtes Gewissen über mein wenig empathisches Verhalten vom Vortag –, dass es ihr gut gehe, sie sei dankbar gewesen über unsere Reaktionen, sie hätte es durchaus als Zutrauen von uns an sie erlebt, es aus eigenen Kompetenzen heraus zu schaffen und hätte die ganze Situation als Selbstbestätigung erfahren. Ohne Wissen voneinander und ohne Absprache hatten wir ähnlich reagiert und scheinbar zum richtigen Zeitpunkt (generisches Prinzip 6: *Kairos*) ein dysfunktionales Beziehungsmuster unterbrechen können. Ohne Wissen voneinander, allerdings auf der Basis eines gemeinsam erarbeiteten intuitiven Wissens um die Tragfähigkeit der therapeutischen Beziehung (generisches Prinzip 1), eines Wissens um das problematische Beziehungsmuster (generisches 2:

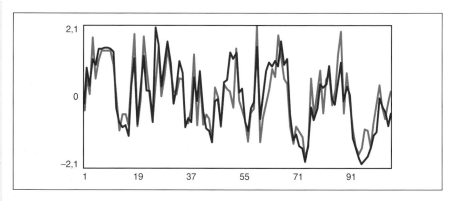

Abbildung 13: Ein fast synchroner Verlauf der TPB-Faktoren IV „Dysphorische Affektivität/Innenorientierung" (blau) und VII „Beschwerden und Problembelastung" (rot) gibt einen diagnostischen Hinweis auf das Problem der Emotionsregulierung und verdeutlicht, wie sehr das psychische Wohlbefinden von Frau A. davon abhängt, vorwiegend negative Emotionen und Spannungen steuern zu können – und umgekehrt.

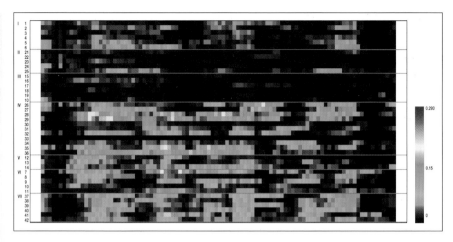

Abbildung 14: Im Komplexitäts-Resonanz-Diagramm (KRD) ist der gesamte Therapieverlauf bildhaft komprimiert. Die dynamische Komplexität wurde für alle Items (Zeitreihen, resultierend aus täglichen Selbsteinschätzungen) des TPB mit einem Gleitfenster von 7 Tagen berechnet. Jede Zeile stellt ein Item des TPB dar. Die dynamische Komplexität setzt sich multiplikativ aus einem Fluktuationswert (Frequenz und Amplitude von Schwankungen) und einem Verteilungswert (Grad der Verteilung der Messwerte über die Skala) zusammen (Schiepek & Strunk, 2010). Die Ausprägung der dynamischen Komplexität wird in den KRDs in eine Regenbogen-Farbskala übertragen, von 0.00 (dunkelblau) bis zum maximal vorkommenden Wert (hier 0.293, dunkelrot).

Musterkennung) und eines Wissens um die Notwendigkeit einer Musterunterbrechung (generisches Prinzip 5: *Destabilisierung*).

Erlebt sie sich an den Wochenenden fast durchgehend als Versagerin in ihrer Mutterrolle, so sehen wir bei den Items „Schuld", „Angst" und „Scham" ab der 7. Behandlungswoche eine deutliche, ja sprunghafte Veränderung (vgl. Abb. 15). Sie spricht in ihren Tageskommentaren von einem gelungenen Wochenende samt einem Ausflug mit ihrem Sohn. Dies bestätigt sie in ihrer Mutterrolle und in der Fähigkeit, Verantwortung zu übernehmen. Einen sich selbst verstärkenden Kreislauf Versagensangst, Schuld- und Schamgefühlen kann sie mit zunehmenden Erlebnissen des Gelingens (verbesserte Beziehungsgestaltung mit ihrem Sohn, verbesserte Kontrolle von Ängsten und Hilflosigkeitsgefühlen) immer mehr unterbrechen.

Etwa zwei Wochen vor der Entlassung werden Schuldgefühle und die Angst, es alleine doch nicht zu schaffen, nochmals virulent und es kommt es zu einem kurzen krisenhaften Einbruch. Doch der Stolz über das in diesen knapp vier Monaten des stationären Aufenthalts Erreichte und die Erfahrung eigener Selbstwirksamkeit gewinnen die Oberhand. „Das Erreichen eines kohärenten Empfindens des Selbst-als-Urheber [...] führt uns zum zentralen Ziel sowohl des Entwicklungsprozesses wie des therapeutischen Prozesses" (Sander, 2009, S. 287). In einer Zeichnung, die Frau A. in der letzten Sitzung der Psychodramagruppe anfertigt, blickt sie auf die Therapie zurück. Das Auf und Ab, das Tal der Tränen und der sonnige Ausblick am Ende könnten auch einen bildlichen Kommentar zu den Zeitreihen des SNS abgeben (vgl. Abb. 16): ein Rückblick, der sie positiv stimmt. Eine in Aussicht gestellte weitere (zeitlich kürzere und dann tagesklinische) Therapieaufnahme etwa ein halbes Jahr später gibt ihr zusätzlich Zuversicht. Die Outcome-Evaluation (Prä-Post-Vergleich mittels ISR) ist in Abbildung 17 dargestellt.

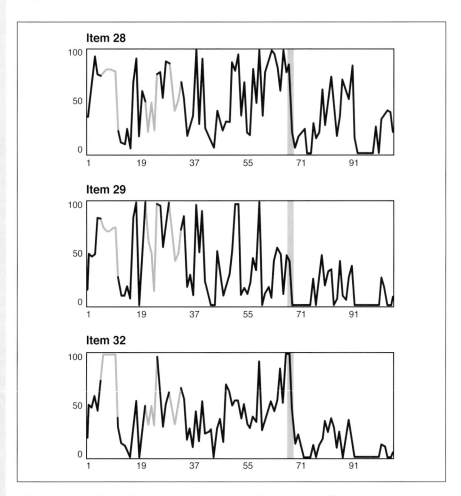

Abbildung 15: Die hellblaue Markierung verdeutlicht eine signifikante Veränderung der Dynamik der Items: „Schuld" (Item 28), „Angst" (Item 29) und „Scham" (Item 32).

Ein halbes Jahr nach der Entlassung kommt Frau A. zu der geplanten sechswöchigen tagesklinischen Behandlung. Diese dient der Absicherung und Festigung des zuvor Erreichten, v. a. durch Teilnahme an Gruppen und weiteres Skills-Training. In der Zeit zwischen den beiden Aufenthalten hatte sie in ihren neuen Handlungskompetenzen viel Bestätigung erfahren, so in der Genussfähigkeit und in ihrer Rolle als Mutter, in der sie sich nicht nur sorgend zeigt, sondern es ihr auch gelingt, Grenzen zu setzen und Konfrontationen nicht aus dem Weg zu gehen. Sie genießt diese 6 Wochen und ist in ihrem Strahlen und ihrer Zugewandtheit auch Motivatorin für andere Patientinnen.

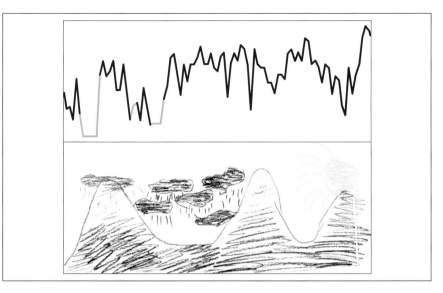

Abbildung 16: Verlauf von Faktor I „Therapeutische Fortschritte/Zuversicht/Selbstwirksamkeit" im Vergleich mit einer Zeichnung aus der Psychodramagruppe, die der Rückschau auf den therapeutischen Prozess galt.

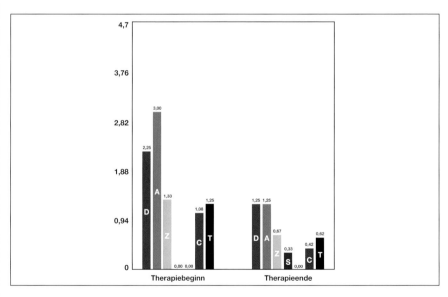

Abbildung 17: Evaluation mittels des ICD-10-basierten Symptomratings (ISR; Tritt et al., 2007) mit den Subskalen D (Depression), A (Angststörung), Z (Zwangsstörung), S (somatoforme Störung), E (Essstörung) und C (Zusatzskala). T repräsentiert den Durchschnitt aller Skalen. Der Vergleich der Werte zu Therapiebeginn und zum Ende der Behandlung wird ebenfalls mit dem SNS vorgenommen und visualisiert.

6.2 Fallbeispiel „Darf es mich geben?"

Fallbeispiel: Frau B.

Frau B. ist eine 40-jährige Frau, die in einem sozialen Beruf tätig ist und seit ihrer Ausbildungszeit depressive Phasen kennt, teilweise mit Suizidgedanken. In diesen Depressionen schneidet sie sich von allen sozialen Bezügen ab und hält eine endlose Schleife von Depression, Angst, sozialer Isolierung und Einsamkeit aufrecht. So gelingt es ihr auch nicht, stabile Partnerschaften zu leben. Wir können von einem schweren Bindungs- und Beziehungstrauma sprechen: die Mutter muss wohl an einer psychiatrischen Erkrankung gelitten haben, mit heftigen Impulsausbrüchen, wobei sie der Tochter regelmäßig heftige Vorwürfe machte. Nie hätte sie Kinder gewollt, sie als Tochter sei schuld an ihrem Elend, die Tochter könne nichts und werde es nie zu etwas bringen. Die Mutter schlug sie in Affektausbrüchen und verwies sie mit 18 aus der Wohnung, der Vater – er hatte Alkoholprobleme – schützte sie nicht und schlug auch zu.

Zu ihrem ersten stationären Aufenthalt kommt sie auf Empfehlung ihrer langjährigen ambulanten Psychotherapeutin. Anlass ist ein neuerlicher depressiver Einbruch, nachdem sie sich von ihrer Chefin gemobbt fühlte und dabei das Mutterdrama wieder virulent wurde, was sie zusätzlich in ihrer Abgrenzungs- und Durchsetzungsfähigkeit schwächte. Frau B. ist nach langer Wartezeit auf einen freien Therapieplatz hoch motiviert und in den Therapiegesprächen sehr reflektiert. Mit dem bei traumatisierten Patientinnen erwartbaren Agieren sind wir nicht konfrontiert. Frau B. ist eine für uns alle wenig fordernde und angenehme Patientin. So verlaufen die ersten Wochen, wie in Abbildung 19 bis zur Markierung 1 sichtbar, in einem Auf und Ab mit leicht negativer Tendenz.

Am 34. Behandlungstag kommt es in der Psychodramagruppe zu einer Wende. Wir hatten vorbereitend für ein Gruppenspiel in einladender Form Requisiten zum Verkleiden aufgelegt. Schon beim Betreten des Raumes überfallen Frau B. Beklemmungsgefühle: „Es ist in mir explodiert!" (man hat aber eher den Eindruck, es sei etwas implodiert). Angst taucht auf: „Hier muss ich mich zeigen, auf die Bühne gehen, hier geht es darum, zu wählen und auch gewählt zu werden! Vielleicht werde ich nie gewählt, wie in der Schule, wo ich immer Außenseiterin

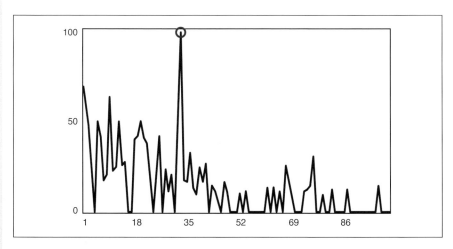

Abbildung 18: Im Verlauf des Items 29 „Ich habe heute Angst verspürt" ist die im Text beschriebene Angstspitze deutlich erkennbar.

war!" Nichts von diesen Ängsten ist für uns sichtbar, Frau B. spielt in dem Stegreifspiel („Die Gruppe macht eine Schiffsreise") selbst gewählt eine Schiffsärztin, wobei sie in dieser Rolle, in der sie sich um andere kümmern kann, kompetent wirkt. Erst in der Nachbearbeitung im Einzelgespräch bringt sie ihren inneren Aufruhr zur Sprache. Im SNS ist an diesem Tag im Item „Angst" ein Maximalausschlag verzeichnet (vgl. Abb. 18) und in der Tagesnotiz vermerkt sie: „Heute begann schon zu Beginn des Psychodramas ein Angstzustand, der sich erst gegen Abend langsam löste."

Wir können von einem affektiv aufgeladenen Moment, einem Gegenwartsmoment sprechen, einem „heißen" Gegenwartsmoment, der zu einem Jetzt-Moment wird, „… eine Art affektiv besetzter ‚Augenblick der Wahrheit'" (Stern et al., 2012, S. 66). „Diese ‚plötzlichen Momente' laden sich oft mit Erwartungen oder mit Angst auf, weil unbedingt eine Entscheidung getroffen werden muss" (Stern et al., 2002, S. 986), zu welcher sie in diesem Augenblick noch nicht in der Lage ist. Frau B. erlebte die Situation mehr als Sackgasse denn als Chance, es ist das, was Stern et al. *weird phase* nennen, in welcher man „… realisiert, dass man einen unbekannten, nicht erwarteten intersubjektiven Raum betreten hat" (2002, S. 990).

Am folgenden Tag wiederholt sich ähnliches in der Musiktherapie, in der es um den Ausdruck von Emotionen geht und für sie die Herausforderung besteht, sich mit ihren Gefühlen vor anderen zu zeigen. Diesmal versucht sie nicht, sich zu verstellen, sondern erlaubt sich, die Gruppe zu verlassen. Es gelingt ihr, sich Hilfe beim Pflegepersonal zu suchen und die Unterstützung der Mitpatienten anzunehmen (Stabilisierung). Die Tagesnotiz im SNS lautet: „Heute konnte ich die Musiktherapie nicht durchhalten; plötzlich baute sich ein massiver Druck in Bauch und Brust in mir auf und ich musste heftig weinen. Das war bestimmt noch Druck von der gestrigen massiven Angst. Ich fühle mich schuldig, weil ich die Therapieeinheit abbrechen musste. Aber meine Mitpatienten und das Pflegepersonal haben sich lieb um mich gekümmert, das hat mir gut getan."

Jetzt-Momente bieten sich an, Klärungsarbeit zu leisten, was Frau B. in den Einzelgesprächen auch nutzt. Die Klärung in der Einzeltherapie und das gute Aufgehobensein in der Stationsgemeinschaft, in der sie aktiv Kontakt und Unterstützung sucht, bringen wieder soweit Stabilität, dass in der nächsten Psychodramagruppe (eine Woche hatte diese Beklemmung angehalten) eine Wendung möglich ist. In Szenen, in denen es darum geht, in wechselnden Rollen einen kurzen Dialog zwischen einem/einer Pubertierenden und einer Autoritätsperson zu spielen, gelingt ihr in beiden Rollen ein lustvolles Ausgestalten, sie blüht förmlich auf. Für die Rolle der Pubertierenden wählt sie eine rotzfreche jugendliche Radfahrerin, die einem sie kontrollierenden Polizisten Kontra gibt, in der zweiten Szene spielt sie als Autoritätsperson die Rolle einer Mutter, die sich mit dem 15-jährigen Sohn auseinandersetzen muss, der mit dem elterlichem Auto eine Spritztour unternahm: mit fein geführter humoresker Klinge lässt sie den Sohn zappeln.

Was in einem rein ambulanten Setting eine Überforderung wäre, kann im geschützten Rahmen der Station zu einer hilfreichen Erschütterung werden („Destabilisierung im Kontext von Stabilität"). Im freien Stegreifspiel rutscht sie aufgrund der Trigger-Situation auf eine frühe Entwicklungsstufe (im Psychodrama sprechen wir von der psychosomatischen Rollenebene), auf der ihr ohne ein Hilfs-Ich die Handlungskompetenzen fehlen würden. Die eingenommene Rolle der Schiffsärztin lässt sie kompetent wirken, im Kümmern um andere ist die wachgerufene Angst besänftigt und wir sind mit einem „anscheinend normalen" Persönlichkeitsanteil konfrontiert. Die traumatische Frage der Unerwünschtheit, die Frage des „Darf es mich geben?", „Wie darf es mich geben?" und das damit verbundene Schamgefühl bleiben aber unbeantwortet und deutlich spürbar. Erst die Rolle der Pubertierenden erlaubt ihr eine Antwort, indem sie sich wagt, sich zu zeigen und an positive Aggressionen Anschluss zu finden. Zudem vermitteln eine strukturiertere Form mit vorgegebenen Rollen und die Wiederholung (alle spielen hintereinander und abwechselnd beide Rollen) gegenüber dem Stegreifspiel in der Gruppe mehr Sicherheit und werden damit hilfreich. Lachauer hat für einen seiner Patienten folgenden Fokalsatz formuliert: „Ich muss immer Retter sein, weil ich fürchte, sonst Opfer oder Täter zu werden" (2005, S. 16). Dieser Fokus könnte auch für Frau B. formuliert worden sein, was hieße, dass sie mit dem gewonnenen Zugang zu ihren Aggressionen ein Stück mehr die „Täterin-Rolle" integrieren kann. Damit deutet sich ein Ausweg aus dem Dilemma an. Sie erlebt die Erfahrungen dieser Woche als Durchbruch und ist ab da besser in die therapeutische Gruppe eingebunden. Die Krise wird initial für alle weiteren Entwicklungsschritte, welche zugleich auch Bestätigungen für ihre selbstbewusste Haltung werden. Die einwöchige kritische Instabilität erwies sich als produktiv und markiert einen deutlichen Ordnungsübergang (vgl. Abb. 19).

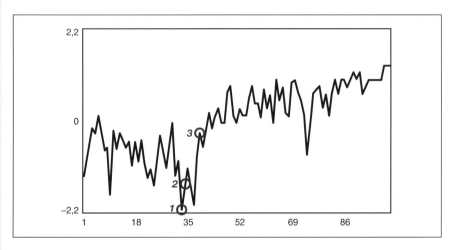

Abbildung 19: Verlauf von Faktor I „Therapeutische Fortschritte/Zuversicht/Selbstwirksamkeit" des TPB. Zu den drei markierten Tagen gibt es folgende Tagesnotizen im SNS: 34. Behandlungstag (1): „Heute begann schon zu Beginn des Psychodramas ein Angstzustand, der sich erst gegen den Abend langsam löste." 35. Behandlungstag (2): „Heute konnte ich die Musiktherapie nicht durchhalten; plötzlich baute sich ein massiver Druck in Bauch/Brust in mir auf und ich musste heftig weinen. Das war bestimmt noch Druck von der gestrigen massiven Angst. Ich fühle mich schuldig, weil ich die Therapieeinheit abbrechen musste. Aber meine Mitpatienten und das Pflegepersonal haben sich lieb um mich gekümmert, das hat mir gut getan." 41. Behandlungstag (3): „Heute war die Therapiestunde sehr tiefgehend und aufwühlend, aber wichtig, weil ich einiges besser verstehe."

In Abbildung 20 zeigt sich dieser Ordnungsübergang am Verlauf des TPB-Faktors V „Perspektivenerweiterung/Innovation", was verdeutlicht, dass Frau B., die unter anderem durch ihre jahrelange ambulante Psychotherapie eine hohe Mentalisierungsfähigkeit entwickelt hat und sehr reflektiert ist, therapeutische Fortschritte über das Erarbeiten von Einsicht macht. Auch in der Dynamik von Schuld und Scham (zwei für sie bedeutsame Emotionen) wird der Ordnungsübergang sichtbar (vgl. Abb. 21).

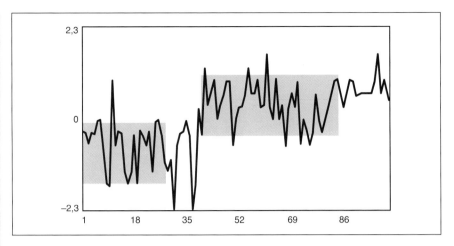

Abbildung 20: Der Verlauf von Faktor V „Perspektivenerweiterung/Innovation" des TPB.
Nach dem Ordnungsübergang stabilisiert sich dieser Faktor auf einem deutlich höheren Niveau.

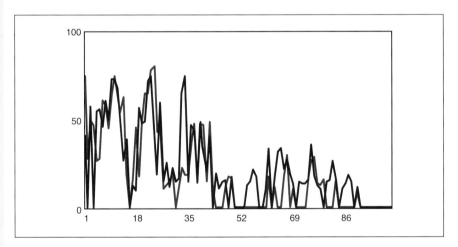

Abbildung 21: Der Ordnungsübergang ist auch am Verlauf der in dieser Therapie wichtigen Items „Ich habe heute Schuld verspürt" (rot) und „Ich habe heute Scham
verspürt" (blau) des TPB erkennbar. Beide zeigen einen fast synchronen
Verlauf und reduzieren sich nach der sechsten Behandlungswoche deutlich.

Zu einer weiteren Krise kommt es, als ihre Vorgesetzte versucht, sie im Krankenstand zu
kontaktieren und zu einem konfrontativen Gespräch zu drängen. Das macht ihr Angst und
verunsichert sie, erzeugt aber auch Ärger über dieses Ansinnen. Schließlich wird es ihr selbst
ein Anliegen, sich dieser Herausforderung zu stellen. In dem Gespräch mit der Vorgesetzten
pariert sie die Anschuldigungen und Vorwürfe, sie bleibt sachlich und bekräftigt ihre Absicht,
den Arbeitsplatz zu wechseln. In den Abbildungen 19, 22a (Recurrence Plot der Zeitreihe von

Faktor IV „Dysphorische Affektivität") und 22b bzw. 22c (Komplexitäts-Resonanz-Diagramm aller Items des TPB) wird diese Krise etwa drei Wochen vor Entlassung sichtbar. Damit ist ein weiterer Schritt zur Erreichung eines stabilen Zustands getan.

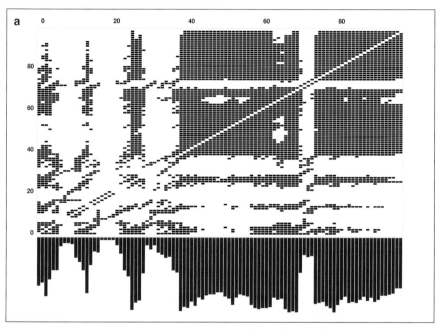

Abbildung 22a: Recurrence Plot der Dynamik von Faktor IV des TPB: „Dysphorische Affektivität/Innenorientierung". Zur Erklärung des Recurrence Plot siehe Abbildung 10b.

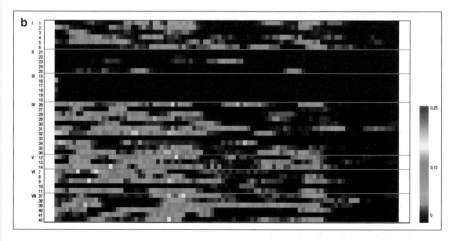

Abbildung 22b: Komplexitäts-Resonanz-Diagramm des Therapieverlaufs. Zur Erklärung der dynamischen Komplexität siehe Abbildung 14.

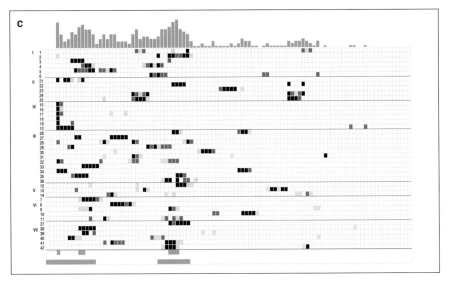

Abbildung 22c: Komplexitäts-Resonanz-Diagramm des Therapieverlaufs. Die dynamische Komplexität wurde für alle Items (Zeitreihen, resultierend aus täglichen Selbsteinschätzungen) des TPB mit einem Gleitfenster von 7 Tagen berechnet. Jede Zeile stellt ein Item des TPB dar. Dargestellt werden hier nur die signifikanten Ausprägungen der Komplexitätswerte (hellgrau: 5%-Niveau, mittelgrau: 2,5%-Niveau, schwarz: 1%-Niveau).
Recurrence Plot und KRDs zeigen hier komplementäre Muster: Phasen hoher dynamischer Komplexität in KRDs entsprechen nicht selten genau den (punktfreien) Transienten (also Übergangsdynamiken) in Recurrence Plots (Aas & Schiepek, 2014).

Abbildung 22b zeigt das Komplexitäts-Resonanz-Diagramm (KRD) der Therapie, ein Bild der Fluktuationsintensität aller Items (Zeitreihen) des TPB über den gesamten Behandlungsverlauf (dargestellt auf einer Farbskala). Die (fast) durchgehend blauen Felder von Faktor II („Klima/Atmosphäre in der Klinik") und Faktor III („Beziehungsqualität/Offenheit/Vertrauen zu den Therapeuten") verdeutlichen die guten Stabilitätsbedingungen, die auf der Beziehungsebene einen sicheren Rahmen und Stabilitätskontext bereitstellen (blau steht für niedrige Komplexität, vgl. die Farbskala am rechten Rand des KRD). Sichtbar sind neben einer Anfangsinstabilität in den ersten zwei Wochen vor allem die kritische Instabilität in der 5. bis 6. Therapiewoche und die Krise des Vorgesetztengesprächs drei Wochen vor Entlassung. Wenn danach das Bild über alle Faktoren hinweg in blau übergeht, markiert dies eine Stabilisierung in einem neuen Attraktor, die Frau B. in ihren Tagesnotizen im SNS auch bestätigt. Zwei Wochen vor Entlassung schreibt sie: „Heute habe ich viel nachgedacht über das, was ich in der Therapie gelernt und geschafft habe und über das, was noch auf mich zukommt. Ein bisschen Wehmut und Trauer tauchen dabei auch auf. Aber eigentlich freue ich mich auf mein zukünftiges Leben, weil ich es anstatt nur zu leben aktiv gestalten werde. Ich war sehr lange alleine spazieren und das hat mir viel Kraft gegeben." Eine Woche vor Entlassung: „Es geht dem Ende des Aufenthalts zu. Fühle mich stabil und gut, bin aber traurig im Hinblick auf den Abschied."

Die SNS-basierte Evaluation mit dem ISR (ICD-10-basiertes Symptomrating, Tritt et al., 2007) zeigt eine deutliche Symptomreduktion von Therapiebeginn zu Therapieende (vgl. Abb. 23), sowie eine klare Veränderung vor allem des Depressions- und Stress-Scores im wöchentlich ausgefüllten DASS- 21 (Depressions-Angst-Stress-Skala, Lovibond & Lovibond, 1995) (vgl. Abb. 24).

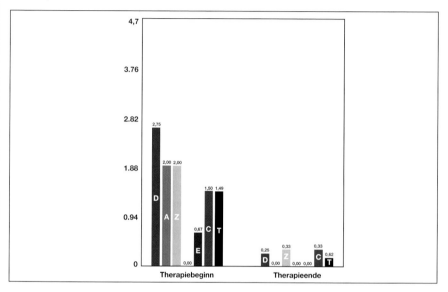

Abbildung 23: Evaluation mittels des ICD-10-basierten Symptomratings (ISR, Tritt et al., 2007) mit den Subskalen D (Depression), A (Angststörung), Z (Zwangsstörung), S (somatoforme Störung), E (Essstörung) und C (Zusatzskala). T repräsentiert den Durchschnitt aller Skalen. Dargestellt ist der Vergleich von Therapiebeginn zu Therapieende.

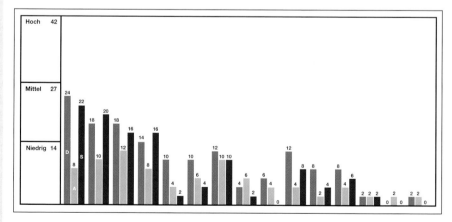

Abbildung 24: Wöchentliche Erfassung der Dimensionen Depression (dunkelgrün), Angst (hellblau) und Stress (dunkelblau) mit Hilfe des im SNS implementierten DASS 21 (Depressions-Angst-Stress-Skala, Lovibond & Lovibond, 1995).

6.3 Fallbeispiel „Ich hab's selber in der Hand!"

Fallbeispiel: Herr C.

Herr C., 32 Jahre alt, leidet unter einer vielfältigen Symptomatik. Seit früher Schulzeit kennt er Zwangsgedanken und Zwangshandlungen, eine hartnäckige Refluxerkrankung besteht seit etwa sieben Jahren unverändert trotz mehrfacher operativer Eingriffe. Medikamente dagegen haben zu einer manifesten Osteoporose geführt und der Reflux verursacht chronische Rachen- und Kehlkopfentzündungen. Dazu haben sich eine Reihe weiterer körperlicher Beschwerden gesellt, zudem Depressionen und Ängste. Eine Berufsunfähigkeit besteht seit vier Jahren. Von Geburt an liegt eine Fehlbildung an einer Hand vor (es fehlen ihm vier Finger), die er in den ersten Begegnungen zu verbergen versucht. Vor drei Jahren brachte ihm ein neunwöchiger Aufenthalt in einer psychosomatischen Klinik kurzfristig Erleichterung; die Behandlung an einer psychosomatischen Tagesklinik vor einigen Monaten musste er abbrechen, da sich unter der Belastung des Programms die Symptomatik verstärkte.

Die ersten Wochen sind gekennzeichnet durch eine vorwurfsvolle und klagende Haltung: Klagen über schlechten Schlaf, Übelkeit, tägliches Erbrechen, Probleme mit dem Essen, Ängste, Stress infolge der Zwangsrituale, Enttäuschung und Wut über mangelnde Fürsorge durch das Team, fehlende Fortschritte. Auch in den Tagesnotizen im SNS finden sich Klagen über Klagen: „Ich habe Angst, es könnte mich überfordern, wenn ich mit jemanden ein Gespräch beginnen würde", lautet der erste Eintrag. Die Tage seien für ihn „… der reinste Horror", „… mir war die ganze Zeit kotzübel und ich hatte Kopfweh und ich war sowas von gestresst". Beim Duschen „… hatte ich auch ziemlich starke Panikzustände, mir wurde schwindlig und ich dachte, ich fall' jeden Moment um und verlier' das Bewusstsein". Er fühle sich „… körperlich und geistig total erschöpft" und „… trete absolut auf der Stelle". Er beklagt auch seine Freudlosigkeit: „Egal was ich mache, ich habe nie Spaß daran" und ist verärgert über das Pflegepersonal, das nächtens verpflichtet ist, in den Zimmern nachzusehen: „Es muss einen rechtlichen Weg geben, dass die Schwester nicht mehr in mein Zimmer kommt." Der dadurch bedingte Schlafmangel setze ihm so zu, „… dass ich mittlerweile schon so geschwächt und unkonzentriert bin, dass ich fast vor ein Auto gelaufen wäre und das war kurzzeitig ein Gefühl der Todesangst, kurz darauf hab ich mich vor lauter Stress gleich mal übergeben."

In den Besprechungen im Team wird Ärger, Ungeduld und eine angespannt aggressive Haltung spürbar, was einerseits als Reaktion auf die Passivität von Herrn C. und seine nicht gelebte Aggression, andererseits als Abwehr der auf uns übertragenen Hilflosigkeit zu verstehen ist. In dieser von beiden Seiten erlebten Hilflosigkeit ist keine Entwicklung sichtbar, der Prozess stagniert. Im Verlauf des Faktors „Therapeutische Fortschritte" ist nach anfänglich starken Fluktuationen eine Entwicklung nach unten zu verzeichnen (vgl. Abb. 25).

Ein für alle im Team spürbarer Wandel tritt erst nach etwa fünf Wochen ein: drei Ereignisse können wir ausmachen, welche in ihrem Zusammenwirken diese Kehrtwende einleiten. Das erste ist eine unter dem Druck des Teams erfolgte Konfrontation des Patienten in einem Therapiegespräch. Aus verschiedenen therapeutischen Settings waren Berichte über entwertende Äußerungen gekommen und darüber, dass er äußerlich angepasst brav mitmache, aber nicht wirklich beteiligt wirke. Sein Verhalten würde Hilflosigkeit und Wut erzeugen. Mit diesen Rückmeldungen von mir (H. K.) konfrontiert, fühlt er sich zunächst unverstanden, beginnt sich zu verteidigen und kommt immer mehr in ein erregtes Sprechen, um am Ende der Stunde umzuschwenken und erleichtert festzustellen: er spüre sich jetzt mehr und rede nicht mehr mit gleichbleibend monotoner Stimme, sondern kraftvoll.

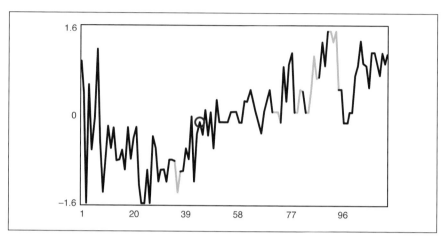

Abbildung 25: Verlauf des Faktors I „Therapeutische Fortschritte/Zuversicht/Selbstwirk-
samkeit" und Tagesnotiz am 43. Behandlungstag (Herr C.): „Der erste Tag
seit langem, an dem ich ohne Unterbrechung unterwegs war (Kaffeehaus,
Essen gehen, Spazieren) und es mir den ganzen Tag über sehr gut ging. Mir
war weder schlecht noch war ich erschöpft, noch sonst was."

Zwei Tage später erlebt er mit seiner Mutter ganz Ähnliches. Ihr gelingt es, ein jahrelang eingeschliffenes Beziehungsmuster zu ihrem Sohn zu durchbrechen. In einem Angehörigen-gespräch hatte sie sich mit ihren Schuldgefühlen (die sich u. a. auf die angeborene Fehlbil-dung der Hand bezogen) auseinander gesetzt, worauf ihr in der nächsten Begegnung mit dem Sohn Abgrenzung und Konfrontation möglich werden. Bei einem gemeinsamen Essen gibt sie ihm zu verstehen, dass sein Klagen auch nerve und sie sich nicht mehr für sein Leiden verantwortlich fühle. „Es ist dein Kampf, du musst ihn selbst führen!", ist ihre Botschaft. Dies aus dem Mund seiner Mutter zu hören, verblüfft ihn, mehr noch aber eine spätere Rückmeldung von ihr in diesem Gespräch: „Du hast schon seit Stunden kein negatives Wort mehr gesagt!"

Ein weiteres Erlebnis kurz darauf bringt die endgültige Wendung: Er trifft sich erstmals mit einer seit Jahren bestehenden Internet-Bekanntschaft, und entgegen aller Ängste verläuft dieses Treffen und dieser Tag perfekt für ihn, alles passt, er hält den ganzen Tag durch mit vielen Aktivitäten und fühlt sich energievoll. Seine Tagesnotiz im SNS (vgl. Abb. 25, rotes Kringel): „Der erste Tag seit langem, an dem ich ohne Unterbrechung unterwegs war (Kaf-feehaus, Essen gehen, Spazieren) und es mir den ganzen Tag über sehr gut ging. Mir war weder schlecht, noch war ich erschöpft, noch sonst was." Sich so energievoll und selbst-wirksam zu erleben scheint ihn mehr zu beflügeln als die Beziehung selbst, denn als die neue Freundin – auch wieder über Internet – nur wenige Tage später die Beziehung beendet, schmerzt ihn das zwar, aber er ruft ein lautes „Trotzdem!" aus und meint: „Ich schaffe es aus eigener Kraft!"

Danach ist Herr C. wirklich ein anderer, er nimmt für alle sichtbar und spürbar eine andere Haltung ein, setzt sich ernsthaft mit sich auseinander und erkennt, wie viel in seinem Alltag von den Zwängen diktiert ist. Er kann ein dysfunktionales Beziehungsmuster unterbrechen, das sich so beschreiben lässt: Nachdem er sich von anderen übersehen, vernachlässigt und im Stich gelassen gefühlt hatte, machte er andere für sein Leid verantwortlich und reagierte mit

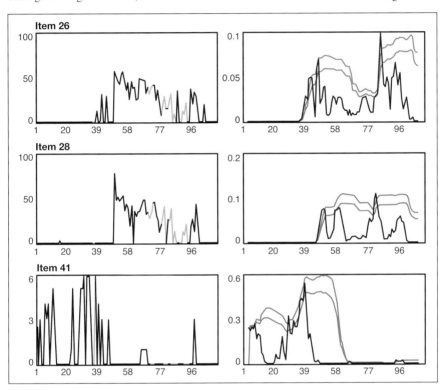

Abbildung 26: Zeitreihen von Item 26 „Trauer", Item 28 „Schuld" und Item 41 „Situationen, die mit meinen Problemen zu tun haben, habe ich heute vermieden" (links). Rechts daneben jeweils die Ausprägung der dynamischen Komplexität dieser Items. Die dynamische Komplexität setzt sich zusammen aus aus der Frequenz und Amplitude der Schwankungen einer Zeitreihe (Fluktuationswert) und dem Grad der Verteilung der Werte über den jeweils zur Verfügung stehenden Skalenbereich (Verteilung). Wenn der Wert der dynamischen Komplexität ein dynamisches Konfidenzintervall von 95 % (untere hellblaue Linie) bzw. 99 % (obere hellblaue Linie) steigt, ist dies ein Maß für einen entsprechenden signifikanten Anstieg der dynamischen Komplexität (vgl. Schiepek et al., 2013a). Man erkennt hier einen markanten Übergang in der Dynamik: die Vermeidung (Item 41) löst sich auf, Trauer und Schuld (Item 26 und 28) werden erstmals spürbar. Orange Abschitte: vom Patienten nicht eingetragene und vom SNS rekonstruierte Eintragungen.

dem Versuch, zu bestimmen und Ansprüche zu stellen, um aber immer wieder resigniert aufzugeben, wenn diese Ansprüche nicht erfüllt wurden. Vor dieser ansprüchlichen und vorwurfsvollen Haltung sowie seinem kontrollierenden Verhalten waren andere und auch wir immer wieder zurückgeschreckt und ihm aus dem Weg gegangen, womit er in seinem schmerzlichen Erleben, nicht gesehen zu werden, wiederum Bestätigung fand.

Nun aber gelingt es ihm, Kontakt aufzunehmen und zuzulassen; er erlebt Begegnungen. Seine Erkenntnis heißt: „Ich hab's in der Hand!" – als ob die Mutter mit ihrem „Es ist dein Kampf!" ihm endlich die Fahne überreicht hätte. In dieser sprachlichen Metapher ist nicht nur seine Verantwortung angesprochen, sondern sie lässt auch eine Versöhnung mit der Beeinträchtigung durch seine Hand anklingen: auch mit einer „verkrüppelten" Hand kann er zupacken!

In Abbildung 25 wird etwas mehr als zwei Wochen vor Behandlungsende nochmals eine Krise sichtbar: mit der klaren Vereinbarung und Festlegung des Entlassungstermins verstärken sich wieder die Zwänge, tauchen die alten Zweifel auf, ob er es wohl ohne die Unterstützung der Station zu Hause schaffen könne und Trennungsängste werden wach. Im Rückblick auf bisher Geleistetes und in der Bestätigung dessen sind diese Zweifel und Ängste gut bearbeitbar.

Der sprunghafte Ordnungsübergang manifestiert sich sehr deutlich in den Emotionen Trauer und Schuld (vgl. Abb. 26). Diese werden ab der siebten Therapiewoche plötzlich erlebbar und wahrnehmbar, umgekehrt zeigt sein Vermeidungsverhalten bis dahin starke Fluktuationen, um mit wenigen Ausnahmen ab diesem Zeitpunkt nicht mehr aufzutreten. Zusätzlich ist in dieser Abbildung die Entwicklung der dynamischen Komplexität der Items Trauer, Schuld und der für den Patienten so wichtigen Frage nach der Vermeidung abgebildet. Abbildung 27 zeigt das KRD dieser Therapie.

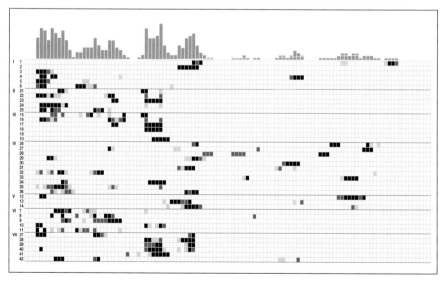

Abbildung 27: Komplexitäts-Resonanz-Diagramm des Therapieverlaufs von Herrn C. Zur Erklärung des KRD siehe Abbildung 14 und Abbildung 22c.

Für das Behandlungsende (zur Outcome-Darstellung auf Basis des ISR vgl. Abb. 28) ist noch die Vorbereitung und Übergabe an eine ambulante Psychotherapie wichtig sowie der von den Sozialarbeitern unserer Station vorbereitete Einstieg in ein Arbeitsrehabilitationsprojekt, der auch gelingt.

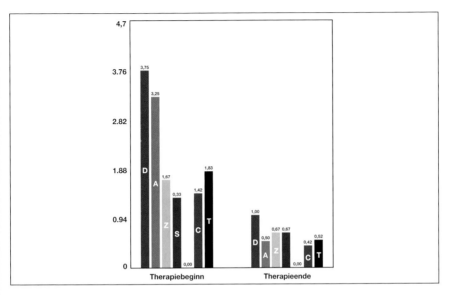

Abbildung 28: Evaluation mittels des ICD-10-basierten Symptomratings (ISR) mit den Sub- skalen D (Depression), A (Angststörung), Z (Zwangsstörung), S (somato- forme Störung), E (Essstörung) und C (Zusatzskala) – T repräsentiert den Durchschnitt aller Skalen – bei Beginn und bei Ende der Behandlung.

Mit einem psychotischen, phlegmatisch wirkenden, aber kreativen jungen Mann als Zimmer- kollegen hat Herr C. einen kongenialen Antagonisten gefunden: Es ist hinsichtlich Ordnungs- bedürfnis, planendem Vorgehen und Lebenseinstellungen kaum mehr Gegensätzlichkeit vorstellbar als die zwischen den beiden. Und doch freunden sie sich an, bringen füreinander Wertschätzung auf, tragen einen schweren Konflikt aus und unterstützen sich gegenseitig. Bei einem ambulanten Nachsorgetermin einige Wochen nach der Entlassung – Herr C. hat mitt- lerweile das Arbeitsprojekt begonnen – erzählt er folgendes: Wenn er wieder versucht sei, in zwanghafte Rituale zu verfallen, dringe die beruhigende Stimme des ehemaligen Zimmerkol- legen ins Ohr mit dem oft gehörten Satz: „Es geht eh' um nix!" und er könne die Zwangs- handlung sein lassen. Wenn er sich dann doch weiterhin zwanghaft mit einer seiner sinnlosen Ordnungen in der Wohnung beschäftige, falle ihm ein zweiter Satz des Zimmerkollegen ein: „Das interessiert ja keine Sau!" Mit diesen Sätzen im Ohr gelinge ihm eine Distanzierung und finde er zu seinem Humor zurück.

Nach etwa einem halben Jahr ist Herr C. gut im Arbeitsprojekt integriert. In diesem Projekt müssen alle Teilnehmer ein Referat halten – er referiert erfolgreich zum Thema „Genuss"!

6.4　Wendepunkte und Geduld

Die hier beschriebenen Fallbeispiele veranschaulichen, wie komplex therapeutische Prozesse im stationären Setting verlaufen und auch, dass sie nur sehr bedingt beeinflussbar sind. So wie Patientinnen ein „epistemisches Vertrauen" (Fonagy & Luyten, 2011) in uns setzen, so brauchen wir Vertrauen in ihre Entwicklungsprozesse. Auch wenn wir alles dafür tun, entscheidende Wendepunkte (Ordnungsübergänge) zu ermöglichen, so sind diese nicht direkt planbar und unterliegen keinen Regelhaftigkeiten hinsichtlich des Zeitpunkts ihres Auftretens. Wir wissen allerdings um die Bedeutung der dynamischen intersubjektiven Felder, die entstehen, wenn wir uns emotional aufeinander einlassen und dadurch Begegnung und gegenseitige Anerkennung ermöglichen. Stationäre Psychotherapie bedeutet, diese Begegnungsfelder im Vertrauen darauf zu gestalten, Prozesse der Selbstorganisation anzustoßen und zu fördern.

Blicken wir noch einmal kurz auf die Ordnungsübergänge in den drei dargestellten Fällen. Bei Frau A. ist es das Erleben, unmittelbar hintereinander von drei Teammitgliedern (Therapeut, Krankenschwester, Ärztin) zu erfahren, dass ihr trotz erlebter heftiger Angst und Hilflosigkeit Eigenverantwortung zugetraut und auch abverlangt wird. Das Team hatte sich ein dysfunktionales Beziehungsmuster bewusst gemacht und zu einer gemeinsamen Haltung gefunden. Das Ereignis als solches trägt sich spontan und unvorhersehbar zu, zum richtigen Zeitpunkt (Kairos) aber wird es für Frau A. zu einem „Aha-Erlebnis". Bei Frau B. verdichtet sich der Wendepunkt in einem Angstaffekt (vgl. Abb. 18). Dieser *now moment* kann als glücklicher Zufall gelten, der der Patientin und uns zu Hilfe kommt, er fällt aber auch auf fruchtbaren Boden, indem die Irritation oder Destabilisierung in einem Kontext von erreichter Stabilität erfolgt (vgl. das KRD dieser Therapie in Abb. 22b). Bei Herrn C. sind es zwei Begegnungsmomente, die Konfrontation in einer Therapiestunde mit seinem passiv-aggressiven Verhalten und unmittelbar danach die Abgrenzung der Mutter („Es ist dein Kampf!"). Auch wenn die gesamte Teamarbeit darauf ausgerichtet ist, ein geeignetes emotional-kommunikatives Feld aufzubauen (vgl. Lewin, 1963, 1969) und auf dem Hintergrund beziehungsdynamischer Formulierungen hilfreiche Haltungen zu entwickeln, so sind Ereignisse wie diese, die sich für die Patientinnen zu *now moments* verdichten und den Therapieprozess entscheidend triggern, dennoch nicht gezielt herstellbar und voraussagbar. Sie scheinen zufällig und wie durch ein Wunder zum richtigen Zeitpunkt in der Entwicklung aufzutreten (Kronberger, 2014).

Die Falldarstellungen verdeutlichen auch, dass für diese Prozesse Geduld nötig ist und nachhaltige Veränderungen ihre Zeit brauchen. „Gott gib mir Gelassenheit. Aber zackig!" – eine Kaffeetasse mit dieser Aufschrift macht ein dankbarer Patient seiner Bezugsschwester zum Abschiedsgeschenk. Er bringt damit in selbstironischer Weise zum Ausdruck, was ein zentrales Thema in der Therapie war: Seine Ungeduld und der Druck, den er damit auf sich und uns ausübte. So wie er drängen viele Patienten von Beginn an auf einen vollen Terminkalender, als ob alle Angebote zu konsumieren wären und sie dadurch den Prozess beschleunigen könnten. Wir bremsen hier eher ein, geben Zeit dafür, mit dem Team und den Mitpatientinnen vertraut zu werden und verweisen darauf, dass Psychotherapie auch harte Arbeit ist und Pausen braucht, um gut zu verdauen und und sich immer wieder zu erholen.

Wenn Patienten einmal in ihre Erkenntnisprozesse eingetaucht sind und es zu Veränderungen kommt, manchmal langsam, oft sprunghaft, wie in den hier vorgestellten Beispielen, so bedarf es einer Phase des Übens und Stabilisierens (generisches Prinzip 8). Rückschläge sind dabei nicht ausgeschlossen; bei Frau A. haben wir gesehen, wie mühsam diese Einbrüche zu verarbeiten sind, ja sogar am Erfolg zweifeln lassen können. Eine Verlängerung der Aufenthaltsdauer über die angebotenen 12 Wochen hinaus um weitere zwei bis vier Wochen ist dann oft sinnvoll. Die Gefahr einer Hospitalisierung ist uns nur allzusehr bewusst. Ob verlängert wird und ab wann es dafür eine Zusage gibt, ist ein individueller Entscheidungsprozess und wird im Team sorgfältig vorbereitet. Gerade in Phasen der Instabilität und in Ordnungsübergängen oder Trennungskrisen kann die Botschaft „Du bekommst noch Zeit!" sehr beruhigend wirken. Nicht selten erleben wir das Paradox, dass Patientinnen dann die gewährte zusätzliche Zeit nicht voll ausschöpfen, sondern schon eine Woche vor dem geplanten Termin um die Entlassung bitten. Auch bei den drei beschriebenen Verläufen hatte es Sinn, die Therapiedauer auf 15 bis 16 Wochen zu erweitern. Die Krisen vor Behandlungsende waren letztlich sehr produktiv und trugen zur weiteren Stabilisierung bei. In unserem Therapiemonitoring (SNS) wird dies z. B. in den Abbildungen 9, 16, 19 oder 20 sichtbar.

7 Wirkfaktoren der Gruppentherapie

„Begegnung ist die Erfahrung von Identität und völliger Gegenseitigkeit.
Vor allem aber ist Psychodrama die Essenz der Begegnung. "

J. L. Moreno[10]

Die therapeutische Arbeit in Psychodramagruppen hat am Sonderauftrag für stationäre Psychotherapie eine lange Tradition. Derzeit arbeiten acht Psychodramatikerinnen aus unterschiedlichen Quellberufen (Ärzte, Psychologen, Psychotherapeuten, Pfleger, Schwestern, Sozialarbeiterinnen) als Gruppenleiter im Team. Dabei kommen verschiedene psychodramatische Methoden sowie variierende Leitungsstile zum Einsatz. Je nach gruppendynamischer Lage und Problemstellung der Mitglieder werden Themen mittels eines reichhaltigen Methodenrepertoires bearbeitet. Die Psychodramagruppe ist Bestandteil eines umfassenden Therapieangebots. Auch hat sie einen integrativen Charakter, denn die Patienten kommen mit ihren Themen, die sie sich in anderen Therapien und Gruppen erarbeitet haben, in die Sitzungen und bringen diese bewusst oder unbewusst in den Gruppenprozess ein. Nach der Sitzung wirken die Erlebnisse wiederum auf anderen „Bühnen" weiter und schaffen neue Begegnungserfahrungen in unterschiedlichen Kontexten. Oft wird erst später (z. B. in den Teambesprechungen) deutlich, wie das Zusammenwirken verschiedener Settings diesen Entwicklungsprozess bestimmt hat.

Vier Wirkfaktoren verdienen insbesondere für die Arbeit mit traumatisierten Menschen Beachtung: Gruppenkohäsion, Ressourcenorientierung, traumatherapeutische Interventionen und Interaktion.

7.1 Gruppenkohäsion

Nach Tschuschke (2001a, S. 143) sind fünf Wirkfaktoren in Gruppentherapien essenziell: Kohäsion, Altruismus, Anleitung, Einsicht und Erzeugen von Hoffnung. Kohäsion beschreibt den Zusammenhalt einer Gruppe sowie das Gefühl von Zugehörigkeit und Akzeptanz der Teilnehmer untereinander (Tschuschke, 2001b, S. 9). Sie ist charakterisiert durch die Einstellung „Wir sitzen im gleichen Boot!". Auch Enke (2001) bezeichnet „kohäsive Kräfte" als wesentliche Voraussetzung für gruppenpsychotherapeutische Prozesse. Kohäsion ist von Beginn an für die Etablierung sozialer Normen in Gruppen notwendig. Aufgabe der Leiterin ist es, die Entstehung von Kohäsion zu fördern (von Ameln et al., 2009). Im synergetischen Prozessmanagement ist Kohäsion ein Aspekt des generischen Prinzips 1.

Am Sonderauftrag für stationäre Psychotherapie erfolgt die Leitung von Psychodramagruppen in der Regel durch zwei Therapeutinnen (Leiterpaar). Um einen gemeinsamen Rahmen zu schaffen, werden in der ersten Gruppensitzung die Gruppenregeln eingeführt. Dazu gehören „Einander wertschätzende Rückmeldung geben", „Pünktlich erscheinen

---

10 Moreno (1956), zitiert nach Hutter und Schwehm (2012, S. 194).

und anwesend sein" sowie „Verschwiegenheit innerhalb der Gruppe". Mit Hilfe dieser Regeln können soziale Normen etabliert werden, die den Rahmen der Zusammenarbeit bilden. Ein weiteres kohäsionsförderndes Element in den ersten Gruppensitzungen ist die Soziometrie. Sie dient dem Kennenlernen sowie dem Erfassen von Gemeinsamkeiten und Unterschieden der Teilnehmer und gibt der Gruppe die Möglichkeit, sich ein Bild ihrer inneren sozialen Struktur zu machen (Pruckner, 2004).

In der Psychodramagruppe mit traumatisierten Menschen achten wir darauf, dass die eingesetzten soziometrischen Beurteilungskriterien nicht aufdeckend-konfrontierend wirken. So bewährt sich beispielsweise, die Gruppenmitglieder in einer Rangreihenarbeit eine Linie nach dem Anfangsbuchstaben des Vornamens oder eine Alterslinie bilden zu lassen. In soziometrischen Differenzierungsübungen werden die Gruppenmitglieder gebeten, sich zum Kriterium der „Erfahrung mit Gruppentherapien" in Kleingruppen zusammenzufinden. In einer anderen Übung im Rahmen der Gruppenerwärmung bilden die Mitglieder eine Landkarte im Raum, wobei jeder in Relation zu den anderen den Platz des aktuellen Wohnortes einnimmt. Soziometrische Relationierungen eignen sich für das Sichtbarmachen von Gemeinsamkeiten und Unterschieden. Die Gruppenmitglieder ordnen sich dabei nach bestimmten Kriterien, wie beispielsweise zum Thema „Hobbys und Freizeitbeschäftigungen". So finden sich Gruppenmitglieder beim Thema „Sport", eine andere Gruppierung unterhält sich beim Thema „Lesen" über ihre Lieblingsbücher.

Solche soziometrischen Übungen sind ein gut geeignetes Instrument zum Sich-Kennenlernen. So freut sich eine Patientin darüber, sich durch die Namenslinie endlich alle Namen gemerkt zu haben, ein anderer Patient ist erleichtert darüber, dass auch andere Gruppenmitglieder noch nie an einer Gruppentherapie teilgenommen haben. Wesentlich in der Arbeit mit traumatisierten Menschen ist dabei der sorgsame Umgang mit soziometrischen Techniken, da diese rasch aufdeckend wirkend können und hoch effizient sind (Pruckner, 2004). Ein Beispiel: Als wir eine Landkarte zum Herkunftsort bilden lassen, betont eine Patientin, welch schwierige Frage dies für sie sei und verlässt verärgert die Bühne. Mit dem Hintergrund einer emotionalen Verwahrlosung im Kindesalter und einem für die Patientin belastenden Konflikt mit ihrer Mutter wird die Ablehnung einer Positionierung zur „Herkunft" verständlich. Auch die Angst davor, die eigene Position in der Gruppe kennenzulernen, mag eine Rolle gespielt haben.

Um den Gruppenzusammenhalt zu fördern ist die Suche nach verbindenden Themen wichtig. Die Gruppenteilnehmerinnen sollen hierfür gemeinsam persönliche Themen explorieren, was auch das Hervorheben gemeinsamer emotionaler Aspekte im Umgang mit Problemen beinhaltet. Ähnlichkeiten können sich beispielsweise auf Ängste, Vorbehalte, Selbstwertproblematik oder Neigung zur Selbstdestruktivität beziehen (Dies, 2001, S. 92). Ein kohäsives Gruppensystem stellt die Voraussetzung für Beziehungen zwischen den Gruppenmitgliedern dar und bietet die Möglichkeit, persönliche Stressbelastungen und Beziehungskonflikte zu thematisieren.

Gefördert wird Kohäsion auch durch Gruppenspiele. Sie tragen zum Zusammengehörigkeitsgefühl bei und bieten die Möglichkeit, neue Rollen auszuprobieren, einmal anders sein zu dürfen und sein Rollenrepertoire zu erweitern (Becker, 2002). Die Teilnehmerinnen entscheiden sich für eine Rolle, wodurch die Entscheidungsfähigkeit gefördert wird, beteiligen sich am Gelingen des Spiels und kommen so in Bewegung.

Beispielsweise wurde in einer Erwärmungsphase das Bedürfnis der Gruppenmitglieder nach Aktivität und Sicherheit deutlich. Das Angebot eines Gruppenspiels „Im Dschungel" wird von allen angenommen. Auf der Bühne treffen sich eine weise Eule, ein seltener weißer Tiger, eine starke Löwin, ein bunter Paradiesvogel und ein gemütliches Faultier. Es ergeben sich zahlreiche Begegnungen, wertschätzende Gespräche, das Bedürfnis, sich nach der Interaktion zurückzuziehen und ein Rivalisieren um „Platz eins" im Dschungel. Im Rollenfeedback berichten die Teilnehmerinnen über ihre Erfahrungen und im Sharing werden Zusammenhänge mit der eigenen Geschichte und aktuellen Szenen aus dem eigenen Leben erfragt. Erfahrbar wird in dieser Sitzung, dass es für viele Mitglieder wichtig ist, auf Distanz gehen zu können, dass es schwierig ist, Spannungen und Rivalität auszubalancieren und dass sich das Spielen bei erlebter Hilflosigkeit als hilfreich erweist.

7.2 Ressourcenorientierung

Immer wieder liegt der Fokus auf dem Gelingen, auf den Ressourcen und Qualitäten der Gruppe und ihrer Mitglieder. Zu Beginn jeder Einheit werden Erwärmungsübungen eingesetzt, wobei die Einführung positiver Rollen durch stützende Interventionen wesentlich ist (Stelzig, 2004). Die Frage nach dem Lieblingstier und den dazugehörigen Qualitäten, dem liebsten Urlaubsort oder nach dem Lebenstraum ermöglicht den Aufbau positiver Gefühle.

So finden sich in einer Gruppensitzung zur Frage nach der Lieblingsfigur der abenteuerlustige Huckleberry Finn, das schlaue siebte Geißlein aus dem Märchen, der stets einen neuen Weg findende Siddharta aus Herman Hesses Roman und der coole Kriminalist aus einer Fernsehserie ein. In einer Kennenlernübung zu Beginn des Gruppenprozesses gestalten die Gruppenmitglieder Anagramme zu ihrem Vornamen. Es soll zu jedem Anfangsbuchstaben des Vornamens eine Ressource oder Fähigkeit gefunden und in einem Bild gemalt werden. Dabei gelingt es den Gruppenmitgliedern unterschiedlich leicht, ein positives Selbstbild zu zeichnen. Oft ist es möglich, Persönlichkeitsaspekte wie „zuverlässig", „genau", „interessiert" oder „selbstständig" in den Bildern wiederzufinden. Häufig bedarf es in dieser kreativen Assoziationsarbeit auch einer Verknüpfung mit „Lieblingsthemen". So kann beispielsweise ein „F" im Vornamen für das Lieblingsland Finnland oder ein „N" für das Lieblingstier, das Nashorn, stehen. In einer anderen Kennenlernübung befragen die Teilnehmer einander paarweise zu den persönlichen Ressourcen, Kompetenzen, Fähigkeiten und Qualitäten. Jede Teilnehmerin stellt dann die jeweils andere im Rollenwechsel vor. So tritt Person A, die im Dialog mit Person B etwas über deren Ressourcen erfahren hat, hinter diese und beginnt als Person B zu sprechen. „Ich bin Andrea, und ich habe in meinem Leben viel erreicht, gerne gearbeitet und bin Mutter von drei mittlerweile erwachsenen Kindern", ist dabei die Vorstellung einer 70-jährigen Patientin, die immer wieder unter starken Angstzuständen leidet und sozial sehr zurückgezogen lebt. Die Gruppenarbeit mit Ressourcen benötigt für Menschen, die eine ausgeprägte Selbstwertproblematik mitbringen, ein hohes Maß an Aktivität durch die Leitung. Traumatisierte Menschen leiden oft an einem geringen Selbstwertgefühl und haben von sich das Bild, nichts zu können (Reddemann, 2001).

7.3 Traumatherapeutische Übungen

Anknüpfend an das Thema der Ressourcenorientierung spielen traumatherapeutische Übungen zum „sicheren Ort" und zu den „inneren Helfern" eine wichtige Rolle. Die bei Traumatisierungen verlorene Sicherheit kann mit Hilfe dieser Übungen langsam wiederhergestellt werden (Reddemann, 2001). In der Psychodramagruppe können der sichere Ort und die inneren Helfer aufgebaut werden und sind so mit allen Erlebnisqualitäten abrufbar (Stadler, 2002).

Die Gruppenmitglieder sollen dabei im ersten Schritt einen Ort imaginieren, an dem Gefühle von Geborgenheit, Sicherheit und Wohlbefinden möglich sind. Dies muss kein Platz sein, den es real gibt. Als Anregung für die Imagination werden Vorschläge gemacht: der Ort könnte eine Landschaft sein, ein Platz, der der Fantasie entspringt, etwas Surreales oder ein Ort aus einer Geschichte. Die Teilnehmer können dabei alle Sinneskanäle nutzen, wahrnehmen, welche Temperatur an diesem Ort angenehm ist und welche wohltuenden Geräusche zu hören sind. An diesen Orten können innere Helfer, hilfreiche Wesen und Figuren imaginiert werden. Im nächsten Schritt wird der Ort im Therapieraum aufgebaut, wofür Utensilien wie Tücher, Symbole, Kissen oder Plüschtiere verwendet werden. An diesem Ort werden innere Helfer platziert. Schließlich nimmt jede Person an ihrem Ort Platz und überprüft, ob ein Gefühl von Sicherheit entsteht. Wenn es erwünscht ist, können die Gruppenmitglieder einander an ihren sicheren Orten besuchen und sich dazu Rückmeldungen geben. Ziel dieser Übung sind das Herstellen eines Sicherheitsgefühls und das Einnehmen aktiver Rollen im Ausgestalten eines persönlichen Platzes mit eigenen Grenzen.

So gestaltet sich ein 28-jähriger Patient in der Psychodramagruppe einen Ort in einer großen Burg mit mächtigen Mauern, als hilfreiche Wesen holt er sich einen kräftigen Löwen und einen schnellen Panther. In der anschließenden Reflexionsrunde beschreibt er einen Familienkonflikt: Er möchte sich in seiner Herkunftsfamilie besser durchsetzen und die Stärke des Löwen und die Wendigkeit des Panthers einsetzen. Eine andere Teilnehmerin erbaut sich eine einsame Insel, an ihrem Ort scheint die Sonne, als unterstützende Tiere nimmt sie sich einen Hund und eine Katze zur Seite. Für diese 34-jährige Frau ist es wichtig, alleine mit ihren Tieren zu sein. Ein Rückblick auf die Biografie erklärt die Tendenz zur Isolation: Sie hat durch Menschen häufig Kränkungen und Gewalt erfahren, wuchs in einem Heim auf, erlebte einige Jahre der Obdachlosigkeit und konnte trotz der Vielzahl traumatisierender Erfahrungen ihre Ressourcen im Leben immer wieder gut sehen und nutzen.

Wenn die Imagination eines sicheren Ortes schwierig erscheint, greifen manchen Patientinnen auf den Zeichenblock zurück und malen ihren sicheren Ort. Einer Patientin beispielsweise fällt es schwer, ihren Ort auf der Bühne zu konkretisieren. Sie malt ein Bild von einer Welt zwischen Sternen und Planeten, die sie „meine persönliche Zwischenwelt" nennt. Dort kann sie ein Sicherheitsgefühl erleben, wie sie es nach sportlicher Aktivität hat. Wohlbefinden und Sicherheit sind bei ihr mit körperlicher Erschöpfung verbunden. Sie kann ihren Körper nur nach sportlicher Überanstrengung spüren und dadurch fühlt sie sich in Ansätzen sicher. Um die Gefühlserfahrung zu verankern, werden die Gruppenmitglieder von den Therapeutinnen in einem Interview zur Einrichtung und Qualität des sicheren Ortes sowie zu ihrer Wahrnehmung und ihrem Erleben an diesem Ort befragt.

In der Psychodramagruppe mit traumatisierten Menschen hat sich die „Auszeit-Couch"
bewährt. Sie besteht aus einem Sofa mit mehreren Decken und wird außerhalb des Sitz-
kreises neben der Bühne platziert. Die Auszeit-Couch bietet die Möglichkeit, das Geschehen in der Gruppe zu beobachten, ohne direkt involviert zu sein. Die Inanspruchnahme
eines Beobachtungsraums soll eine reflektierende Distanz ohne emotionale Überflutung
zulassen (Casson, 2004). Menschen mit traumatischen Lebenserfahrungen benötigen Unterstützung beim Herstellen eines Gleichgewichts zwischen Erregung und Entspannung
(Kellermann, 2000).

7.4 Soziale Interaktion

Die Psychodramagruppe ermöglicht es, in sozialen Interaktionen neue Handlungsmöglichkeiten zu entdecken und Rollenerweiterungen zu erproben. So klagt eine Patientin
über ihre schlechte psychische Verfassung, ihre Einsamkeit und ist dabei in verzweifelter
Stimmung. Ein Mitpatient, in dem das wiederholte Klagen Ärger auslöst, kann seiner Mitpatientin klar und wertschätzend eine wichtige Botschaft mitgeben: „Wenn du dauernd
jammerst, wird sich deine Situation nicht verbessern, du musst etwas gegen deine Depression tun!" Diese Rückmeldung ist zwar sehr direkt, wird aber überraschenderweise gut
angenommen und ist in dieser Gruppensitzung der Beginn der Handlungs- und Spielphase.

In gruppenzentrierten Spielen werden soziale Interaktionsmuster und latente Vorgänge
auf der gruppendynamischen Ebene erkennbar. Im Psychodrama arbeiten wir mit dem
Begriff der *surplus reality*. Dabei handelt es sich um jenen symbolischen Handlungs-
und Erlebnisraum, der die „… subjektive Wirklichkeit der Protagonistin in ihren wesentlichen Elementen abbildet" (von Ameln et al., 2009, S. 227). Im Psychodrama können
Handlungs- und Erlebnisräume erweitert und damit Einschränkungen der Alltagsrealität
abgelegt werden. Auf der Ebene der *surplus reality* werden Vorgänge im gruppenzentrierten Spiel veränderbar. In einer Sitzung luden wir die Gruppenmitglieder zu einem
Spiel zum Thema „Auf dem Kreuzfahrtsschiff" ein. Die Rollen sind rasch gewählt, es
gibt einen Kapitän, seinen Steward, einen Schiffskoch, einen Suppentopf, eine Kellne-
rin, einen blinden Passagier, einen weiblichen Fahrgast, eine Meerjungfrau und einen
Eisberg. Die Gruppe geht in ein spontanes Spiel mit vielfältigen Interaktionen. Was vor-
dergründig als „lustiges Treiben" erscheint, hat bei genauer Analyse der Interaktionen
und der Feedbacks einen tiefen Hintergrund. So erlebt ein Patient in der Rolle des Eis-
bergs zwar große Macht, aber gleichzeitig starke Schuldgefühle über das von ihm verur-
sachte Schiffsunglück. Im Sharing beschreibt er die ihm von seiner Familie zugeschriebene Rolle des „Buhmanns". Auch die subjektive Wirklichkeit jener Patientin, die einen
blinden Passagier spielt, zeichnet sich im Spiel ab. Sie vermeidet Kontakte zu anderen
Menschen und zieht sich zurück, um Kränkungen zu vermeiden. Weiterhin werden neue
Perspektiven in Bezug auf bisherige Muster deutlich. Jene Frau, die die Rolle des Sup-
pentopfs einnimmt, kann die Abhängigkeit vom Koch als Zugehörigkeit erleben. Sie ist
im realen Leben co-abhängig, der Ehemann ist alkoholkrank und eine Veränderung der
Partnerschaftssituation ist für sie unvorstellbar.

Am Ende jedes Gruppenzyklus findet eine von der Leitung strukturierte Abschlussein-
heit statt. Nach einer Reflexionsphase belegt jedes Gruppenmitglied die Themen, die es

aus der Gruppe mitnimmt, mit Symbolen. Dabei symbolisieren wir den weiteren Weg der Gruppe als Reise. Die Gruppenmitglieder packen einen Koffer mit Symbolen, die dafür stehen, was sie gelernt haben, was sie an Neuem erfahren haben und was sie mitnehmen. Die Gruppe kommt von der Beschreibungsebene zur Ebene des Symbolhaften. Ein Patient wählt einen Hund, weil ihm die Gemeinschaft wichtig war. Ein anderer zeigt das Bild eines Flugzeugs und berichtet, dass er von den positiven Bildern des sicheren Ortes, von der Rolle des Kochs auf der Schiffsreise und von der erlebten Leichtigkeit in den Spielen (daher das Flugzeug) sehr profitieren konnte. „Es war eine Mischung aus herausgefordert werden, mich trauen, dabei nicht ausgelacht werden und so sein dürfen, wie ich bin", benennt er den Kern seiner Psychodrama-Erfahrung. Eine Patientin zeigt mit dem Bild einer Pinguingruppe, dass es ihr viel bedeutet hat, sich in der Gruppe zu öffnen und dabei nicht abgelehnt zu werden. Für die gesamte Gruppe ist ihr Resümee sehr berührend: „Ich weiß, am Anfang war ich sehr stur und wollte nichts von den anderen annehmen, nur in meinem Einsiedlertum bleiben. Ich bin froh, dass ich akzeptiert wurde und bleiben konnte, und auch etwas aus mir rausgehen konnte. Hier hatte ich einen Platz und konnte diesen auch annehmen." Die Rückmeldung eines Patienten, dass er sie anfangs als „nörglerisch und komisch" wahrnahm, mit der Zeit aber sein Vorurteil ablegen konnte, auch weil sie sich auf die gemeinsamen Spiele und die Rückmeldungen der anderen Teilnehmer einließ, gab der Patientin eine wichtige Bestätigung.

Um Belastendes aufzufangen, werden Aspekte, die die Patienten nicht mitnehmen wollen, auch anhand von Symbolen gesammelt. So werden ein Vulkanbild als Symbol für die Überforderung mit Gefühlen, eine Keramikschüssel für die Zerbrechlichkeit einer Patientin sowie ein Foto von einem Stau auf der Autobahn, das für die regelmäßig wiederkehrende Hoffnungslosigkeit steht, in einem Korb deponiert. Zur Stärkung des Gemeinschaftsgefühls erhält jedes Gruppenmitglied von den anderen Rückmeldungen zu den eingenommenen Rollen sowie zum Erleben und Verhalten in der Gruppe. Eine Gruppe entscheidet sich, jedem Gruppenmitglied auf einem Luftballon Wünsche für die Zukunft aufzuschreiben. In einer anderen Gruppe malen die Patientinnen einander Bilder zum Thema „Was ich dir mitgeben möchte und was ich dir wünsche". Solche Rituale tragen dazu bei, dass der Abschluss eines Gruppenprozesses gelingt und gleichzeitig Perspektiven für die weiteren individuellen Therapieprozesse initiiert werden.

Die Beispiele zeigen, dass Kohäsion/Zusammenhalt, gegenseitige Akzeptanz und Vertrauen in der Gruppenarbeit mit traumatisierten Menschen einen wichtigen Stellenwert einnehmen. Auch das Erproben neuer Rollen und die Aktivität in sozialen Interaktionen sind wichtig und werden nach dem Entstehen eines vertrauensvollen Rahmens gefördert. Psychodramagruppen leisten in der Arbeit mit traumatisierten Menschen einen wichtigen Beitrag, bringen Veränderungsprozesse in Gang und unterstützen diese.

8 Therapieangebote bei Zwangsstörungen

Die Freiheit spürt nicht, wer nie unter Zwang gelebt hat.
Fernando Pessoa, „Das Buch der Unruhe"

8.1 Gruppenarbeit

Als Bestandteil des Therapieprogramms wurde am Sonderauftrag für stationäre Psychotherapie ein Gruppenkonzept für Zwangspatienten integriert. Es besteht aus einer störungsspezifischen kognitiv-verhaltenstherapeutischen Gruppe (Manual nach Oelkers et al., 2007) und einer Genussgruppe zur Förderung des euthymen Erlebens. Zwangs- und Genussgruppe integrieren sich im Therapieprozess sowohl im Angstmanagement und Expositionstraining als auch in der Unterstützung der Beziehungsgestaltung bei vorliegenden Bindungsstörungen (vgl. das Fallbeispiel in Kap. 9).

Die Inhalte der kognitiv-verhaltenstherapeutischen Gruppe sind am Gruppentherapiekonzept von Oelkers et al. (2007) orientiert, welches sich aus einem psychoedukativen und einem kognitiv-verhaltenstherapeutischen Teil zusammensetzt. In der *Psychoedukation* werden Informationen zum Störungsbild sowie verschiedene Ätiologiemodelle (z. B. ein lerntheoretisches, ein kognitives und ein neurophysiologisches Modell) vermittelt. Die Patienten setzen sich dabei auch mit ihrer eigenen ätiologierelevanten Biografie auseinander und erkunden mögliche Funktionen der Zwangsproblematik in ihrem Leben. Dabei werden sie zu Experten ihrer Problematik. Anschließend erfolgt eine Einführung in die *kognitive Therapie* mit Übungen und der Durchführung von Verhaltensanalysen, der Erarbeitung adäquater Kognitionen und realistischer Verantwortlichkeiten sowie einer Auseinandersetzung mit dem individuellen Vermeidungsverhalten. Reflektiert werden auch die den Zwangsritualen zugrunde liegenden Bewertungsprozesse, vor allem inadäquate Verantwortlichkeits- und Wahrscheinlichkeitseinschätzungen für das Auftreten bedrohlicher Ereignisse (vgl. Tominschek & Schiepek, 2007).

Zielsetzung ist die Durchführung von *Expositionen mit Reaktionsverhinderung oder Reaktionsmanagement*. Im Rahmen der störungsspezifischen Therapie von Zwangsstörungen gilt dieses verhaltenstherapeutische Verfahren als Methode der Wahl (Ambühl, 2005, S. 70 f.), deren Wirksamkeit in kontrollierten Therapiestudien belegt wurde (Lakatos & Reinecker, 2007, S. 32). In eigenen Prozessstudien konnten wir allerdings zeigen, dass paradoxerweise die Symptomänderung bereits vor (und nicht während oder nach) der Exposition auftritt (Heinzel et al., 2014; Schiepek et al., 2009; Schiepek et al., im Druck) – ein Phänomen, das zur Befundlage der *rapid early responses* bzw. *sudden gains* passt und zu einer Diskussion der kausalen Rolle von Exposition und anderen Interventionen Anlass gibt.

In Gruppentherapiesitzungen wird die Exposition vorbereitet und geplant, womit auch die Änderungsmotivation gefördert werden soll. Es geht um den Erwerb von Expositionsstrategien und -techniken sowie um den Umgang mit den dabei auftretenden Emotionen (z. B. Angstzuständen). Die Expositionen selbst werden in der Regel von den Patientinnen im Selbstmanagement (v. a. zu Hause) durchgeführt. Einzelne Expositionen können auch im stationären Setting direkt stattfinden. So können Patientinnen mit Kontrollzwängen das in der Regel von Kontrollritualen begleitete Ausschalten des Herdes in ihrem eigenen Wohnbereich üben. Diese Interventionen bedürfen einer genauen Vorbereitung, wobei vor allem kognitive Vermeidungsstrategien (z. B. „Ich bin hier im Krankenhaus, da kann ja eh' nichts passieren, da schaut eh' jemand nach …") identifiziert und bearbeitet werden müssen. Bei einer Patientin beispielsweise waren die Ängste, dass etwas durch ihre Schuld in Brand geraten könnte, so groß, dass die Sicherungsmaßnahmen auf der Station keinen Einfluss auf die Zwangssymptomatik und den in der Exposition induzierten Angstanstieg hatten. Auch der Brandmelder, der zu Hause zur Angstverringerung installiert war, hatte keine angstreduzierende Wirkung. Sie musste ständig daran denken, dass der Strom ausfallen oder das Gerät aus irgendeinem Grund nicht funktionieren könnte. Die Tatsache, dass sie sich auf der Station gut unterstützt fühlte, wirkte sich bei der Durchführung der Exposition nicht angstmindernd aus. Die Übungen konnten zwar realitätsgerecht durchgeführt werden, das Ziel einer Habituation dennoch kaum erreichen. Für die Patientin stand die Beeinträchtigung durch die Zwangssymptome deutlich im Vordergrund.

In der Gruppentherapie kommen neben den psychoedukativen und Technikkomponenten auch die oben (vgl. Kap. 7) angesprochenen unspezifischen Wirkfaktoren zum Tragen. Die Gruppe ermöglicht den Teilnehmerinnen gegenseitigen Austausch, Entlastung und in der „Universalität des Leidens" Unterstützung durch Anregungen und konstruktives Feedback. Die Compliance zum Therapieprogramm wird durch den Verbindlichkeitscharakter der Gruppe gestärkt (Förstner et al., 2011, S. 77). Im Kontakt mit anderen werden soziale Kompetenzen erworben und differenziert, der soziale Kontakt erlaubt Aufmerksamkeit und Zuwendung. Dysfunktionale Attributionsmuster in den subjektiven Ätiologiemodellen können durch Vergleich und Abgrenzung relativiert werden (Bents, 2005, S. 191).

Bereits das Aussprechen von Zwangsgedanken mit aversiven und/oder peinlichen Inhalten wirkt entlastend. Es erfordert Mut und Vertrauen, bisher verheimlichte Gedanken und Bilder mitzuteilen. Und es ist entlastend für andere, die ähnliche Intrusionen oft schon jahrelang erleben, womit auch ein Beitrag zur Enttabuisierung des Störungsbilds geleistet wird. Alle Betroffenen erleben im Gruppenkontext hautnah, dass vergleichbar abstoßende, obszöne oder schreckliche Gedanken und Bilder nicht nur im eigenen Kopf, sondern auch in den Köpfen anderer herumschwirren. Sie erfahren, dass nichts passiert, wenn man sie ausspricht – und nehmen ihnen damit einen Teil ihrer Wirkung und Macht (andererseits soll in der Gruppe kein Selbstoffenbarungsdruck entstehen). Für die Mutter eines Kindes im Schulalter war es sehr entlastend, als eine andere Gruppenteilnehmerin ähnliche aggressive, auf das eigene Kind bezogene Zwangsgedanken aussprach. Daraus entstand ein für beide befreiender Dialog. Die Patientinnen hatten zwar bereits vor dem stationären Aufenthalt Informationen über Zwangsstörungen erhalten, Therapie in Anspruch genommen und wussten um die Unsinnigkeit dieser Gedanken. Dennoch schämten sie sich und fühlten sich ihren Familien und den Kindern gegenüber schuldig. Die Gruppe gab ihnen eine Möglichkeit zu einer befreienden „Veröffentlichung" der belastenden Inhalte und zur Regulation der gerade für Zwangspatientinnen besonders belastenden Schuld- und Schamgefühle.

Wenn die Gruppenatmosphäre von gegenseitigem Vertrauen, Unterstützung und Verständnis geprägt ist, kann während der Berichte über langwierige und mühsame Zwangsrituale auch spontan deren Absurdität spürbar werden. Im besten Fall kann man schon mal darüber lachen, eine Schilderung kann fast kabarettistisch geraten, auch wenn die Belastung nach wie vor groß ist. Therapieerfolge (z. B. der Abbau von Zwangsritualen) können in der Gruppe verstärkt und Erfahrungen über nützliche Copingstrategien (z. B. bei Expositionsübungen und im Selbstmanagement) ausgetauscht werden. So beschrieb eine Patientin stolz und glücklich einen Therapieerfolg: Endlich war es ihr möglich, dass ihre kleine Tochter gleich nach der Schule zu ihr nach Hause kommen konnte. Aufgrund ihrer Kontrollzwänge musste die Tochter bis jetzt ihr Mittagessen woanders zu sich nehmen und sich dann sofort nach dem Betreten des Hauses ausführlich duschen und umziehen. In einer der vorherigen Gruppensitzungen war ihre Scham und Traurigkeit darüber sichtbar geworden, dass es ihrer eigenen Tochter aufgrund der Ängste der Mutter verwehrt war, fröhlich und unbeschwert ihr Daheim, ihr Elternhaus zu betreten. Gegenseitiges Lob und Freude über den Erfolg der anderen ist eine schöne und motivierende Gruppenerfahrung.

8.2 Entlastung im stationären Setting

Bei der Durchführung von Expositionsübungen im stationären Setting stellt sich nicht selten das Problem, eben jene situative Konstellation herzustellen, in der die Probleme im realen Umfeld auftreten (Bents, 2005, S. 190). Patienten in der Tagesklinik, die ja am späten Nachmittag nach Hause gehen, können dagegen die Expositionsübungen in ihrer Alltagsumgebung durchführen.

Meist wird der stationäre oder teilstationäre Aufenthalt als entlastend und als Schutzraum erlebt. Der strukturierte Stationsalltag bietet die Möglichkeit, sich in Krisen an jemanden wenden zu können und professionelle Unterstützung zu erhalten. Neue Erfahrungen und soziale Kontakte sowie die Befreiung von der Alltagsorganisation verändern den Aufmerksamkeitsfokus und schaffen einen stressfreien Raum für therapeutische Entwicklungen. Einige Wochen Distanz zum gewohnten, aber meist belastenden Lebens- und Verantwortungsbereich können bereits zu deutlicher Stressreduktion führen. In manchen Fällen bedeutet der vorübergehende Wechsel von der eigenen vertrauten Umgebung in die Klinik jedoch auch eine Zunahme angstauslösender Reize, was Zwangsverhalten und -gedanken intensivieren kann. Es stellt sich dann die Frage nach dem therapeutischen Nutzen eines solchen Kontextwechsels.

Diese Problematik zeigte sich im Fall einer jungen Patientin, die hoch motiviert war, sich auf das Therapieprogramm und dessen strukturelle Bedingungen einzulassen. Sie berichtete im Erstgespräch von einer bereits seit Jahren bestehenden Beeinträchtigung durch Zwangssymptome. Ihre Zwangsgedanken bestanden darin, unbemerkt Zettel zu verlieren, auf denen sie irgendetwas geschrieben hätte, was anderen Menschen in großem Ausmaß Schaden zufügen könnte und sie deswegen verurteilt werden würde. Papier, Zettel, Unterlagen, Prospekte, etc. wegzuwerfen war für sie daher fast unmöglich. Trotz dieser Einschränkungen hatte sie es aber immer wieder geschafft, ihre Ausbildung fortzuführen und stundenweise arbeiten zu gehen. Die sehr aparte und gepflegte junge Frau lebte in ihrem Zimmer mit Packen von Zetteln und Papierhaufen. Nur mit Hilfe ihrer Mutter gelang es ihr zeitweise, Dinge auszusortieren. Mit deren Unterstützung hatte sie es auch geschafft, schriftliche Arbeiten für ihre Ausbildung zu vollenden und die ausgedruckten Unterlagen abzugeben. Obwohl sie bemüht war, sich auf die Therapie einzulassen und starken Leidensdruck verspürte, konnte sie am Therapieprogramm kaum in sinnvoller Weise teilnehmen, da sie sich in einem Zustand der Daueranspannung befand. Es gelang ihr fast nur mehr mit Hilfe des Stationsteams, die Kontrollzwänge zu unterbrechen, die ansonsten wohl den Großteil des Tages beansprucht hätten. So musste sie nach einem Monat des länger geplanten Aufenthalts entlassen werden.

Ein junger Patient hatte bereits seit sieben Jahren seine Wohnung kaum mehr verlassen. Angesichts der fast den ganzen Tag beanspruchenden Kontroll- und Reinigungszwänge war er auf die Unterstützung seiner Mutter angewiesen, mit der er gemeinsam in der Wohnung lebte. Die Notwendigkeit, in der fremden Klinikumgebung nun ohne seine Mutter und deren mittlerweile verzweifelte Unterstützung zurechtkommen, bedeutete für ihn zunächst eine große Herausforderung. Bald aber erlebte er den stationären Aufenthalt als Erleichterung, da er nicht mehr der Verantwortung für seinen ureigensten Wohnbereich ausgesetzt war. Die Kontroll- und Waschzwänge etablierten sich allerdings auch im stationären Bereich, wo er im weiteren Verlauf von den Expositionsübungen gut profitierte und eine deutliche Symptomreduktion erreichte.

Eine andere Patientin litt unter den Zwangsgedanken, dass andere Menschen, die ihr zu nahe kommen, sie verletzen und angreifen könnten. Entsprechend lebte sie weitgehend einsam und isoliert, soziale Kontakte beschränkten sich auf das Notwendigste. Vor allem aufgrund der ausgeprägten Kontrollzwänge beim Verlassen ihrer Wohnung (bis zu 30-mal zurückgehen und kontrollieren, ob die Tür zugesperrt ist) entschied sie sich für einen stationären Aufenthalt, bei dem sie dann allerdings vermehrt dem Stressor der Nähe fremder Menschen ausgesetzt war. Doch gelang es ihr nach anfänglichem Zögern, die therapeutischen Gruppen zu besuchen; während der zwei Monate ihres Aufenthalts konnte sie an allen relevanten Therapiegruppen teilnehmen. Im geschützten Stationsrahmen gewann sie zunehmend Sicherheit im Umgang mit anderen Personen. Zwar fühlte sie sich im weiteren Verlauf durch das enge Zusammenleben mit anderen Patientinnen im Schlaf- und Wohnbereich doch wieder mehr belastet, aber es ging nun therapeutisch nicht mehr um die angstbesetzten Zwangsgedanken, sondern um die Auseinandersetzung mit psychischen Verletzungen, Kränkungen und Konflikten im Kontakt zu anderen Personen. Aus dem engen Korsett der Zwangssymptomatik herausgetreten, konnten diese Themen zunächst noch in der Klinik, dann in der ambulant weitergeführten Therapie gut genutzt werden.

8.3 Die Genussgruppe

Die Genussgruppe (auch „Gummibärchengruppe" genannt) wird seit Herbst 2011 angeboten. Das Bonmot von der „Gummibärchengruppe" kursiert, seit unsere Sekretärin die Teilnehmerliste der Genussgruppe mit einem Bild von tanzenden Gummibärchen versehen hatte. Bereits die Autoren der „Kleinen Schule des Genießens" (Köppenhöfer, 2004) beschreiben die Schwierigkeit, passende Namen für Genussgruppen zu finden, die keine

Abwertungen der Inhalte allein durch den Begriff „Genuss" provozieren. Als mögliche Bezeichnungen wurden auch „Genusstraining", „Aufbau positiven Erlebens und Handelns" oder „Euthyme Therapie" diskutiert. („Euthym" bedeutet so viel wie „Was der Seele gut tut"). Die Intention solcher Gruppen besteht in jedem Fall darin, Erfahrungen möglich zu machen, die der Psyche der Teilnehmer gut tun und Widerstands- bzw. Resilienzkräfte im Umgang mit Problemen stärken. Somit kommen ihnen sowohl gesundheitsfördernde und -aufrechterhaltende als auch präventive und kurative Funktionen zu (Köppenhöfer, 2004). Gesundheit ist bekanntlich mehr als die Abwesenheit von Krankheit, was bedeutet, dass Zwangspatientinnen trotz ihrer Symptomatik genussvolle Momente erleben und ihre Lebensqualität fördern können.

Aus unserer Sicht profitieren vor allem Patienten mit chronifizierten Zwängen von einem salutogenetischen Ansatz. Eine Komponente davon besteht darin, genussvolle Erfahrungen zu ermöglichen, angenehme Erlebnisse wiederzubeleben und das Blickfeld über das Problemsystem des Zwangs hinaus spielerisch zu erweitern. Zwänge gelten als die „Krankheit des Zweifelns" mit dominanten Unvollständigkeits- und Unsicherheitsgefühlen (Schiepek et al., 2011b), wobei Konflikte, Ambivalenzen, Angst und Unruhe das Leben bestimmen (Morschitzky, 2004, S. 339). Mit einem auf positive Emotionen und Lebenszugewandtheit ausgerichteten sowie Gestaltungsmöglichkeiten schaffenden Ansatz (eben dem der Salutogenese; Antonovsky & Franke, 1997) wollen wir hier einen alternativen Erfahrungsraum schaffen.

In der Verhaltenstherapiegruppe erfahren die Patienten Stabilisierung und Halt, in der Genussgruppe erleben sie potenziell Genussvolles, was impliziert, dass sie ihre aufdringlichen Gedanken, Ängste, Scham- und Schuldgefühle für kurze Momente „vergessen" oder beeinflussen können. Trotz aller methodischen Unterschiede passt das zu psychodynamisch begründeten Therapiezielen, die ein rigides Über-Ich zugunsten von Autonomie, Lebensentfaltung und Genussfähigkeit abbauen wollen. Entsprechend fördert die „Kleine Schule des Genießens" (Köppenhöfer, 2004; Lutz, 2008) eine Sensibilisierung der Sinnesmodalitäten, vermittelt einen spezifischen Umgang mit genussvollen Erfahrungen und Situationen, unterstützt Eigenverantwortung und Autonomie und transportiert hedonistische, Genuss bejahende (Lebens-)Regeln.

Die Aufforderung, sich positiven oder angenehmen Tätigkeiten zu widmen („Gönnen Sie sich doch mal was!"), mag paradox oder gar zynisch wirken, wenn Patienten über viele Jahre von Zwangsgedanken oder/und Zwangshandlungen gequält wurden. Eine solche wohlwollend gemeinte Empfehlung kann eine bedrückende und kränkende paradoxe Aufforderung darstellen, wenn Patientinnen realisieren, dass sie sich in bestimmten Situationen eigentlich wohlfühlen müssten, aber keine Spur von Wohlbefinden erleben können und sich ein solches gar nicht erlauben dürfen. In der Genussgruppe und auf der Station nehmen wir die Patientinnen nun ein Stück weit „an der Hand", um solche Erfahrungen zuzulassen. Oft benötigen Patientinnen die Erlaubnis, genießen zu dürfen, womit sie ihre inneren Genussverbote zu hinterfragen beginnen. Dabei haben sich verschiedene Genussregeln als hilfreich herausgestellt, z. B.: Genuss braucht Zeit, Genuss muss erlaubt sein, Genuss geht nicht nebenbei, Genuss ist Geschmacksache, jedem das Seine, weniger ist mehr, ohne Erfahrung kein Genuss, Genuss ist alltäglich (Köppenhöfer, 2004; Lutz, 2008).

Die positiven Empfindungen ermöglichen auch eine Re-Aktualisierung von angenehmen Erfahrungen in der Vergangenheit und eine Blickerweiterung auf vorhandene Ressourcen. Der vielleicht förderlichste Faktor für Genussfähigkeit und Genusserlebnisse liegt in den Begegnungen auf der Station, sowohl mit Mitpatienten als auch mit dem Team. Wenn die Gemeinschaft Genuss befürwortet und sich auch andere Patienten Genuss erlauben, können eigene Genussverbote („Zuerst die Arbeit, dann das Vergnügen", „Du hast ja noch nicht alles erledigt", „Du bist es nicht wert, genießen zu dürfen", „Genießen ist gleich faul sein", „Du musst noch viel mehr leisten") korrigiert werden.

Die Genussgruppe sorgt unter den Patienten immer wieder für Fragen – „Was macht man da?", „Was ist das?", „Isst man da Gummibärchen?", „Kann ich auch in diese Gruppe?", „Muss man in dieser Gruppe ekelige Dinge berühren?", „Trinken wir da ein Gläschen Wein oder essen wir Vanillekipferl?". Nun nicht ganz … Hier ein kurzer Einblick in den Ablauf einer Gruppensitzung:

Zu Beginn werden Genussregeln und evtl. auch individuelle „Genussverbote" diskutiert. Dann geht es um ausgewählte Sinnesbereiche (z. B. Riechen, Tasten). Die verschiedenen Erfahrungsfacetten der einzelnen Sinnesmodalitäten werden besprochen und gemeinsame Erfahrungen mit entsprechenden Stimulanzien gemacht. Anschließend wählen die Patienten ein bevorzugtes Stimulans (z. B. Tee, Kaffee, Holz) aus und experimentieren damit. Als Unterstützung demonstriert die Therapeutin modellhaft anhand der Genussregeln den Umgang mit den Stimulanzien. Nach den Übungen werden Eindrücke, Vorstellungen und Bilder exploriert und besprochen. Zum Abschluss der Gruppensitzungen erhalten die Patienten die Anregung, in ihrer alltäglichen Umgebung entsprechende Sinneserfahrungen zu sammeln, wohltuende Stimulanzien ausfindig zu machen und diese in die nächste Gruppensitzung mitzubringen. Die Sinneserfahrungen und die emotionalen Qualitäten des Genusses werden in der Gruppe sodann auf einige mögliche, bei Förstner et al. (2011) beschriebene interpersonelle und intrapsychische Funktionen des Zwangs bezogen. Einige dieser potenziellen Funktionen seien kurz erwähnt:

– *Emotionsregulation:* Zwänge dienen der Verarbeitung von negativ erlebten psychischen Zuständen. Eine sensible und differenzierte Selbstwahrnehmung kann Strategien im Umgang mit Emotionen verbessern. Die Gruppenteilnehmer üben, ihre Aufmerksamkeit auf unterschiedliche Sinnesmodalitäten und entsprechende angenehme Sinneserlebnisse zu richten. Eine 33-jährige, schüchterne Patientin äußert zu Beginn der Gruppe, dass sie angespannt, in ihren Gedanken gefangen und im Nackenbereich sehr verspannt sei. Nach der Tastsinn-Übung fühlt sie sich erleichtert: „Es war sehr angenehm." Sie macht die Erfahrung, dass sie für Momente ihre belastenden Gedanken „abschalten" und neue Strategien im Umgang mit ihren Emotionen anwenden kann. Ein 45-jähriger Patient mit Ordnungs-, Reinigungs- und Waschzwängen sowie aggressiven Zwangsgedanken äußert am Ende der Stunde: „Komisch, ich hatte für einen Moment keine Zwangsgedanken und negative Gefühle, ich habe einfach die Gegenstände berührt."

– *Sicherheit und Kontrolle:* Die Zwänge haben die Funktion, einen scheinbaren Kontroll- und/oder Sicherheitsverlust zu kompensieren sowie Sicherheit zu vermitteln. Die Genussgruppe kann Schritt für Schritt Unsicherheitstoleranz und Risikobereitschaft erhöhen. Eine 29-jährige Waschzwang-Patientin, die am Anfang mit unterschiedlichen Dingen nur herumspielt, kann im Laufe der Gruppe zulassen, Gegenstände mit geschlossenen Augen zu berühren: „Heute war ich mutig!".

– *Selbstwertstabilisierung:* Die Zwänge haben die Funktion, die eigene Identität zu stabilisieren. Die Genussgruppe kann selbstfürsorgliches Verhalten fördern sowie persönliche Ressourcen wiederbeleben. Eine 35-jährige Patientin, welche seit ihrer Kindheit Kontrollzwänge kennt: „Durch meine Zwänge bin ich in der Arbeit die Beste, ich mache keinen Fehler". Sie erlaubt sich nun wohltuende Genusserfahrungen, erfreut sich täglich an ihnen und macht dadurch viele angenehme Erfahrungen, womit sich ihr leistungsorientiertes Selbstbild ein Stück zu verändern beginnt.

– *Umgang mit hohen Leistungsansprüchen und Moralvorstellungen:* Zwänge reduzieren die im Zusammenhang mit hohen Leistungsanforderungen und/oder moralischen Ansprüchen stehenden negativen Gefühle. Ein 45-jähriger Patient mit aggressiven Zwangsgedanken äußert in den ersten Stunden: „Ich konnte mich immer nur sehr kurz auf die Gegenstände konzentrieren. Ich habe mich ständig gefragt, ob ich einfach nur berühren darf. […] Am liebsten hätte ich versucht, die Kastanie in meinen Händen perfekt zu formen." Nach mehreren Gruppensitzungen: „Ich konnte mich viel besser darauf einlassen, ich habe mich einfach darauf konzentriert, was ich im Moment rieche. Ich habe nur kurz daran gedacht, erkennen zu müssen, was ich rieche. Ich hatte das Gefühl, bei mir gewesen zu sein, ich fühle mich etwas entspannter."

– *Ausfüllen von innerer Leere:* Zwänge werden in Phasen der Langeweile benutzt, um ein Gefühl der inneren Leere zu vermeiden. Eine 35-jährige Patientin mit Kontrollzwängen und massiven Krankheitsängsten äußert mehrfach: „Ich weiß nicht, was ich mit meiner Zeit anfangen soll." Nach den ersten beiden Stunden hat die Patientin begonnen, sich auf die Genussübungen einzulassen: „Ich finde das toll, wenn ich Zeit habe, führe ich zwei oder drei Minuten eine Übung durch. Ich kann mich dadurch gut entspannen und gehe keinen Ritualen nach. Ich hätte mir nicht gedacht, dass ich meine freie Zeit mit solchen Dingen nutzen kann."

– *Schutz vor Verantwortung:* Zwänge schützen davor, Verantwortung übernehmen zu müssen. Die Genussgruppe fördert z. B. durch das eigenständige Mitbringen von Stimulanzien auf spielerische Art die Übernahme von Verantwortung. Ein 28-jähriger Patient mit ausgeprägten Kontroll-, Ordnungs-, Symmetrie- und Waschzwängen konnte die Erfahrung machen, Verantwortung für sich und die Gruppe zu übernehmen. Nach einigen Sitzungen zeigte er sich bemüht, Stimulanzien für die Gruppe mitzubringen. Während einer Gruppenstunde, die wir im Freien durchführten, einem sogenannten Farbenspaziergang, vermittelt er der Gruppe sein Wissen über Bäume.

8.4 Das erweiterte Therapiekonzept

Zwangs- und Genussgruppe sind Bausteine eines Gesamttherapieprogramms. Dieses umfasst verschiedene, je nach individuell konzipiertem Behandlungsplan angebotene gruppen- und einzeltherapeutische Maßnahmen. Es handelt sich dabei nicht um „adjuvante Therapien" (Bents, 2005, S. 191) zur Zwangs- und Genussgruppe, sondern eher umgekehrt: das störungsspezifische Gruppenkonzept trägt den speziellen Bedürfnissen der Patienten Rechnung und fügt sich in ein umfassendes fall- und personenzentriertes Konzept ein. Zielsetzung ist nicht „nur" eine Symptomreduktion, die natürlich immer auch angestrebt wird und bei chronifizierten Zwängen schwer genug erreichbar ist, sondern dass

Patientinnen in vielfältiger Weise für ihre Persönlichkeitsentwicklung und ihre individuellen „Entwicklungsprojekte" vom psychotherapeutischen Prozess profitieren.

Für die Indikationsbeurteilung von Expositionsübungen werden psychodynamisch orientierte diagnostische Einschätzungen, vor allem eine Beurteilung der Ich-Stärke nach dem Strukturniveau im OPD-2 (2006) herangezogen. Wenn die Zwangsstörung vorwiegend eine autoprotektive Funktion hat und dem Schutz vor einer drohenden Ich-Fragmentierung dient (Ambühl, 2005, S. 30), sollten Expositionsübungen nur vorsichtig und graduiert oder gar nicht durchgeführt werden. Ebenso wird die Schutzfunktion von Zwangssymptomen bei Traumafolgestörungen berücksichtigt. Eine ausreichende Ich-Stabilität ist Voraussetzung für den Umgang mit dem Angstanstieg bei den Expositionsübungen. Die Patienten können dann im Gruppenkontext vor allem von der Psychoedukation und dem gegenseitigen Austausch profitieren.

In der störungsspezifischen Gruppe wird kein Konfrontationsdruck ausgeübt. Es geht vielmehr um Motivationsaufbau, um die Möglichkeit, über sich und seine Gefühle, Gedanken und Verhaltensweisen sprechen zu können, nicht dagegen um eine zu erbringende Leistung. Für die Auseinandersetzung mit den unterschiedlichen Erfahrungen und Herangehensweisen der Gruppenteilnehmer wird eine wertfreie und akzeptierende Grundhaltung angestrebt.

Eine wieder (oder erstmals) erlangte Genussfähigkeit fördert somit das Erleben von Selbstwirksamkeit und erleichtert den Zugang zu planendem Handeln. Wenn darüber hinaus eine verbesserte Emotionswahrnehmung und -regulierung zu mehr Rollenflexibilität und Lebendigkeit führt, werden wieder Begegnungen möglich, die freier sind vom Spiel von Gefügigkeit einerseits und latenter Opposition andererseits. Das nachfolgende Fallbeispiel zeichnet diesen Prozess beispielhaft nach.

9 Fallbeispiel „Ich spür jetzt öfters, dass in mir eine echt große Lebensfreude steckt!"

„Die unterdrückte Aggression kann der Grund sein
für die Angst die ich hab', etwas Falsches zu sagen!"
Tageskommentar von Frau D. im SNS

Dieses Fallbeispiel soll das Ineinandergreifen und die Synergien verschiedener therapeutischer Prozesse illustrieren, die sich in den unterschiedlichen Settings der Stationsstruktur abspielen. Eine problem- und lösungsorientierte Auseinandersetzung mit den Zwängen findet in der verhaltenstherapeutischen Gruppe statt. Wie bereits erwähnt, geht es dort um Psychoedukation, Verhaltensanalyse, das Erarbeiten adäquater Kognitionen und Bewertungen, die Auseinandersetzung mit dem individuellen Vermeidungsverhalten sowie um die Vorbereitung und Durchführung von Expositionen mit Reaktionsmanagement. Parallel dazu werden konflikthafte Beziehungsmuster der Patienten in verschiedenen therapeutischen Gruppen, wie Musiktherapie, Tanz- und Bewegungstherapie, Psychodrama und Ergotherapie sichtbar. Die Station dient als Bühne für die szenische Darstellung unbewusster konflikthafter Abwehrstrukturen, die sich in der Beziehungsgestaltung, in Abgrenzungsversuchen oder dem Durchsetzen von Eigeninteressen zeigen.

In unserer Schilderung des therapeutischen Prozesses orientierten wir uns an dem im Therapiemonitoring (SNS) dokumentierten Verlauf mit ausführlichen Tageskommentaren, in denen die Patientin ausführlich zu Wort kommt. (Die Zahlen am Ende der zitierten Kommentare bezeichnen den jeweiligen Behandlungstag, vgl. Abb. 29).

Fallbeispiel: Frau D

Vorgeschichte. Frau D. (39 Jahre) ist eine attraktive, lebendig wirkende Frau. Sie meldet sich wegen einer ausgeprägten Zwangssymptomatik auf Empfehlung ihrer behandelnden Ärztin zur tagesklinischen Behandlung an. Die Zwangswelt, die sie schildert, erscheint durchkomponiert und erfasst alle Lebensbereiche: ausgeprägte Reinigungs- und Waschzwänge liegen vor und die Wohnung muss nach einem Rastersystem geputzt werden, wobei durchnummerierte „Spickzettel" der Kontrolle dienen. Immer besteht die Angst, diese Zettel könnten verloren gehen. Ihre Zeit abends und an den Wochenenden ist zur Gänze von den Zwängen bestimmt. Sie beschreibt auch Zwangsgedanken, die sich auf Beschmutzungsängste beziehen und auf der Toilette ein umfassendes Ritual erforderlich machen. Die Kontroll- und Wiederholungszwänge beeinträchtigen ihren beruflichen Büroalltag, in dem sie mit dem Erstellen von Bescheiden befasst ist und diese Arbeit nur mit großer Anstrengung und aufgrund ihrer langjährigen Routine durchführen kann. Im Kontakt mit anderen Menschen kreisen ihre Gedanken ständig darum, etwas Falsches gesagt zu haben und um die Angst, nicht akzeptiert zu werden. Beim Autofahren kennt sie die Angst, jemanden überfahren zu haben, was wiederholt dazu führt, umkehren und kontrollieren zu müssen.

Auch die Mutter von Frau D. litt und leidet unter starken Reinigungs- und Waschzwängen. Es gibt auch bei ihr ein ausgeprägtes Putzritual, bei dem sie stundenlang die Wäsche, bevor sie in die Waschmaschine kommt, mit einem Fusselroller abbürstet – ein Ritual, welches die Tochter später übernimmt. Die Zwänge der Mutter ließen es in ihrer Kindheit nicht zu, dass befreundete Kinder das Haus der Familie betraten. Die Mutter scheint selbst noch mit ihrer eigenen Mutter (der Großmutter der Patientin) symbiotisch verstrickt zu sein. Wenn Frau D. von den regelmäßigen und ritualisiert ablaufenden Besuchen mit der Mutter bei der Großmutter berichtet, wird ein sehr rigides, lustfeindliches Milieu spürbar, in dem keine eigene Meinung Platz hat und man sich gegenseitig in negativen Bewertungen bestätigt. Zudem bedrängt die Mutter sie mit persönlichen Themen und Ehesorgen. Frau D. selbst fühlt sich zu Hause nicht wahrgenommen und nicht verstanden. Hier klingen bereits therapeutische Themen an, die sich auf eine Funktion ihrer Zwänge beziehen, etwa die Nähe-Distanz-Regulation (vgl. Tominschek & Schiepek, 2007). Und es liegt die Vermutung nahe, dass die Zwangserkrankung der Mutter neben der Bindungstraumatisierung transgenerational an Frau D. weiter gegeben wurde. Der Vater leidet unter einem Alkoholproblem und führt sein eigenes Leben. Ein jüngerer Bruder konnte sich von der Familie abnabeln, seine Freundin leide aber auch unter Zwängen und einer Magersucht.

Die Zwänge von Frau D. beginnen vor etwa 20 Jahren nach dem Auszug aus der elterlichen Wohnung. Eigene Beziehungen, in denen sie zu Bewunderung neigte und sich schnell unterwürfig zeigte, scheiterten nicht zuletzt durch die zeitintensiven Zwänge und die Gebundenheit an die Eltern. Mit Ausnahme einer einzigen Freundin fehlt ein soziales Netz. Sie lebt isoliert in einer kleinen Wohnung und besucht jedes Wochenende ihre Eltern. Seit knapp zwei Jahren ist Frau D. in einer ambulanten Psychotherapie, die bisher aber wenig Erfolge zeigte. Sie ist bei Beginn der stationären Aufnahme hoch motiviert und bereit, sich auf das therapeutische Angebot einzulassen.

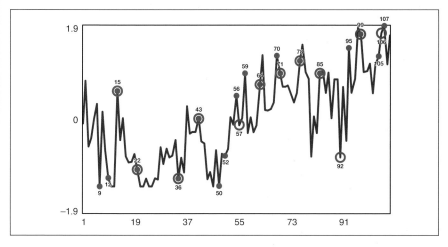

Abbildung 29: Verlauf von Faktor I des TPB „Therapeutische Fortschritte/Zuversicht/Selbstwirksamkeit". Rote Kreise verweisen auf die Psychodramasitzungen, grüne Punkte auf im Text verwendete Zitate aus den Tageskommentaren, die Zahlen markieren den Behandlungstag.

Eigenaktives Aufbereiten eines „Feldes" für Veränderungsprozesse. Die ersten Tage des Aufenthalts erlebt sie vor allem deswegen entlastend, weil sich die Zwänge in der Klinik zunächst kaum zeigen. „In der Klinik fühle ich mich so sicher und geschützt", notiert sie am vierten Tag im SNS, ist sich aber bewusst, wie sehr ein Wohlbefinden dem Erleben von Abhängigkeit geschuldet ist: „[…] ich merk, wie ich von meinem Umfeld abhängig bin, wie schon sehr oft in meinem Leben. (Fast meistens) such ich (un)bewusst außen, was ich mir allein nicht geben kann" (7).

Ihre Erleichterung ist nur von kurzer Dauer. Einige Tage später schreibt sie im SNS: „Wieder bin ich traurig und weiß nicht, wie das weitergehen soll. Schon am Morgen in der Klinik hatte ich erste Zwänge (die Zwänge sind auch hier mittlerweile sehr stark). Es sind Gedankengänge, die ich abwickeln muss, wie ich mich z. B. verhalten hab' bei meinen Mitpatienten. […] Ich muss kontrollieren, ansonsten vertraue ich mir nicht" (9).

In der Kennenlernrunde der Psychodramagruppe spricht sie offen von ihrem fehlenden Selbstvertrauen, dem Angewiesen-Sein auf die Zuneigung anderer, einem Gefühl der Leere und der Sehnsucht nach einer Beziehung. Durch paarweise wechselseitiges Vorstellen war in der Gruppe eine intensive Bezogenheit aufeinander entstanden, und in dieser von Verständnis getragenen Atmosphäre gelingt ihr ein Ausdruck von Trauer, was sie überrascht. Die Angst, wieder zu viel oder etwas Falsches von sich gegeben zu haben, wird durch unterstützende Rückmeldungen anderer Gruppenmitglieder nicht nur gemildert; im Gegenteil zeigen sie sich erleichtert und selbst zu mehr Gefühlsausdruck ermutigt. Frau D. trägt damit viel zur Gruppenkohäsion bei, wovon sie letztlich selbst wieder profitiert. Bezogen auf das gesamte stationäre Setting könnte man sagen, sie bereitet sich das Feld selbst auf, in dem sie wachsen kann (generisches Prinzip 1).

Im SNS-Kommentar zu diesem Tag keimt Hoffnung auf Veränderung auf, zugleich wird aber auch eine starke Ambivalenz spürbar: „Heute war der intensivste Tag, seit ich in der Tagesklinik bin. Ich glaube aber, ich wünsche es mir auch ganz fest, dass sich heute was verändert hat – zum Positiven – und dass ich einen Schritt nach *vorne* gemacht hab'. Hier erfahr' ich noch mehr über mich selbst und meine Schwierigkeiten. […] Die Zwänge sind heute auch das erste Mal nicht so da wie in den letzten 10 Tagen. Ich hab' heute voll weinen können und das hat mich, glaube ich, weicher gemacht. Dieses Gefühl, das ich seit der heutigen ersten Psychodramagruppe hab', das sich positiv anfühlt […] macht mir auch wieder Angst, weil ich mich jetzt schon wieder fürchte, wenn es wieder weggeht" (15).

In der Psychodramagruppe wagt sie sich nach einigen Wochen erstmals als Protagonistin auf die Bühne (Tag 43). Sie berichtet dabei von Erlebnissen auf der Station, bei denen sie sich zu Unrecht zurechtgewiesen und abgelehnt fühlte. Sie sei dadurch gekränkt, wie sie es aus ihrem Elternhaus kenne. Sie richtet eine Szene mit Mutter und Großmutter ein, in der es darum gehen sollte, ihr schweigendes Erdulden der negativen und vorwurfsvollen Haltung der beiden zu durchbrechen. Sie wirkt in der Szene dann aber wie blockiert, kommt nicht ins Spiel. Atmosphärisch wird für alle in der Gruppe die Beklemmung in dieser Familie deutlich und im Sharing der Gruppenmitglieder (viele berichten von ähnlicher Beziehungslosigkeit, Entwertungen, fehlendem Verständnis in ihren Familien) wird Frau D. gut aufgefangen – was sie zwei Monate später pointiert formulieren kann: „Nur weil ich mich abgelehnt fühle, heißt das nicht, dass ich abgelehnt werde" (105). Zum jetzigen Zeitpunkt stellt sich dies noch völlig anders dar: die Kränkungen erlebt sie als vernichtend und um in die Auseinandersetzung mit der Mutter gehen zu können, bedarf es noch weiterer Stabilisierung.

„Heute war ein sehr intensiver Tag und ich fühl mich echt erschöpft und irgendwie auch leer. Beim Qi Gong und in der Tanz- und Bewegungstherapie hat mich die Musik schon positiv gemacht und ich hab' wieder gespürt, wie ich eigentlich gerne tanze. Ich hab' heute bei manchen Mitpatienten das Gefühl gehabt, dass ich sie einfach drücken möchte, weil ich mich in dem Moment so wohl mit ihnen gefühlt hab' und geborgen. Ich hab' wieder das gleiche Gefühl, es ist viel passiert bzw. hat sich vieles bewegt und hat auch aus mir raus können und doch ist so viel offen. *Und heute hat aber schon die zweite Hälfte der Therapie begonnen (7. Woche!)*" (43).

Bemerkenswert ist, dass nach den beiden Psychodramasitzungen am 15. und 43. Behandlungstag im Verlauf von Faktor I („Therapeutische Fortschritte/Zuversicht/Selbstwirksamkeit", vgl. Abb. 29) jeweils ein Einbruch zu verzeichnen ist.

Suche nach Geborgenheit. Die Hoffnung auf Veränderung ist also deutlich spürbar. Die Angst, dass die Zeit zu kurz werden könnte, ist gut nachvollziehbar und wohl eine intuitiv richtige Einschätzung. Es braucht noch mehr grundlegende Erfahrungen des Nährenden, des Gesehen- und Wahrgenommen-Werdens (was sie in der emotional missbräuchlichen Parentifizierung entbehrt hat), des Erlebens von Zugehörigkeit und Sich-aufgehoben-Fühlens in der Gemeinschaft. Erst auf der Basis dieser erfahrenen Sicherheit wird Expansion möglich. Wie stark das Bedürfnis nach Geborgenheit ist, zeigen die folgenden Ausschnitte aus den Tageskommentaren:

„Mit einigen meiner Mitpatienten so wohl und geborgen gefühlt. […] Ich spüre echt große Verlustangst" (12). „Hier in der Runde fühle ich mich so wohl und geborgen […], so einen Spaß miteinander […], echt eine prima Gemeinschaft" (52). „Bin drauf gekommen, dass wenn ich wo für mich einen Platz gefunden hab' und mich geborgen fühle, dass die Zwänge zurückgehen (leider nicht immer). *Geborgenheit. Für jemanden da sein können. Das Schöne teilen.* Ich find', ich sollte/möchte mich bissl abnabeln von meiner Mutti, ist nicht bös gemeint, vielleicht wird dann auch einiges anders/besser" (56). „Bin mit einigen Mitpatienten beisammen gewesen und wir haben gespielt und ich hab' mich momentan so extrem wohl und geborgen gefühlt" (64).

In diesen Bindungsbedürfnissen ist sie mit einigen Mitpatientinnen besonders intensiv verbunden; es mutet nach einer kindlichen Verschworenheit an. Das Erlebnis „beste Freundin" war ja aufgrund der Zwänge der Mutter nicht möglich gewesen: „Wir haben heute unsere Spinds ganz lieb verziert mit Namenspickerl und so und wir hatten uns so darüber gefreut, es war ein Gefühl, wie wenn man wieder ein Kind ist, obwohl ich diese Zusammengehörigkeit als Kind gar nicht kannte" (64).

Verstärkte Emotionalität: Trauer – Angst – Freude. Mit dem Erleben dieser basalen Sicherheiten werden für Frau D. die Zwänge (zumindest auf der Station) weniger spürbar, dafür treten Emotionen wie Trauer, Angst, Freude und die bewusste Auseinandersetzung damit in den Vordergrund. Einsamkeitsgefühle und Trauer können so stark werden, dass sie sich abends schwer von der Station trennen kann und oft viel später nach Hause fährt als geplant. In Abbildung 30 werden die heftigen Schwankungen der Verläufe von „Trauer", „Angst" und „Freude" sichtbar, wie sie uns von Patientinnen mit Borderline-Störungen vertraut sind – auch hier also ein Verweis auf die Bindungstraumatisierung von Frau D.

„Heute fiel ich in ein ganz großes Tief, so schlimm war es, glaub ich, noch nie, seit ich da bin. Ich musste total viel weinen und spürte den Schmerz und die Trauer sehr stark. […] Bei der Tanz- und Bewegungstherapie haben wir geredet und ich hab' mich so extrem öffnen können, was ich schon sehr positiv sehe. Es ist so viel passiert an diesem Tag und es waren so viele Gefühle da, dass ich am Abend echt erschöpft davon war" (36).

„Ich hab' momentan ganz viele Gefühle in mir drin, die auch vieles auslösen. Ich bin total oft traurig und hab' große Angst vor der Zukunft. […] Ich hab' auch voll die große Leere in mir und das Gefühl, dass ich so allein da steh. Ich hab' riesengroße Angst, dass sich nie etwas ändern wird und mein Leben immer wieder so verlaufen wird; es steckt aber so viel in mir drin, was einfach nicht raus kann. […] Ich möchte vor mir selbst davonrennen, besser gesagt, ich möchte das Gefühl, das mich so zerfrisst, endlich nicht mehr spüren. Es wechselt sich total

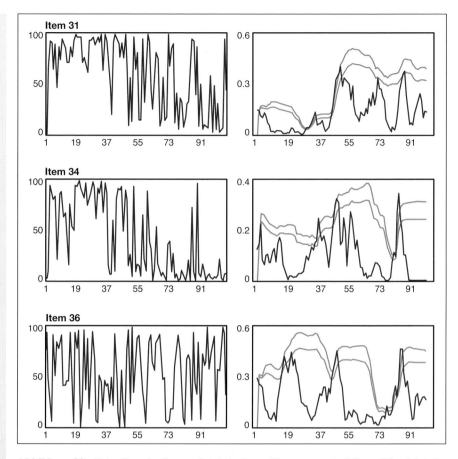

Abbildung 30: Zeitreihen der Items: „Ich habe heute Trauer verspürt" (Item 31), „Ich habe heute Angst verspürt" (Item 34) und „Ich habe heute Freude verspürt" (Item 36), daneben jeweils die Ausprägung der dynamischen Komplexität dieser Items mit dynamischen Konfidenzintervallen (untere Linie: 95 %, obere Linie: 99 %) (Erläuterungen zur dynamischen Komplexität siehe Abb. 14).

ab, dann hab' ich wieder diese ständigen Kontrollen (Zwänge), wenn ich zwischenmenschliche Begegnungen hab'. [...] Dieses Kontrollieren ist furchtbar und ich will, dass das endlich aufhört" (50).

„In der Früh war ich heute sehr traurig wieder, als ich in die Klinik kam. Später hab' ich es wirklich geschafft, aus dieser Traurigkeit rauszukommen. [...] Hatte echt ein paar Momente an diesem Tag, an denen ich mich echt wohl gefühlt hab' in meiner Haut und auch so geborgen und nicht allein. Und drum bin ich sogar das erste Mal zum Trommeln gegangen und war echt begeistert. [...] Zwischendurch, so verteilt am Tag, hab' ich aber diese Traurigkeit immer wieder gespürt" (64).

Die Verlängerung der Behandlungszeit als Wendepunkt und Ordnungsübergang. Einen Wendepunkt der Therapie können wir für den Zeitpunkt ausmachen, zu dem wir im Team eine

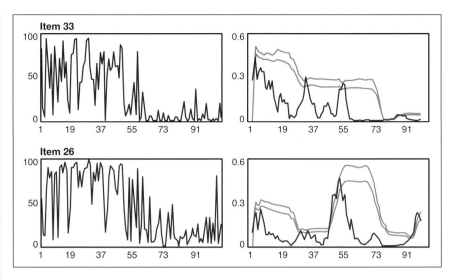

Abbildung 31: Zeitreihen der Items „Schuld" (Item 33) und „Scham" (Item 37). Daneben die dynamische Komplexität mit dynamischen Konfidenzintervallen (untere Linie: 95 %, obere Linie: 99 %).

Verlängerung der Behandlungszeit um vier Wochen vereinbaren. Die Nachricht löst Freude aus und scheint Frau D. in ihrer Angst um zu wenig „Entwicklungszeit" sehr zu beruhigen: „Am Vormittag hab' ich so eine Freude gespürt wie schon lang nicht mehr, ich hätte weinen können, weil ich erfahren hab', dass ich meinen Klinikaufenthalt um vier Wochen verlängern darf. Ich bin so dankbar und freu' mich so darüber, weil ich mehr Zeit bekommen hab', an meinen Themen zu arbeiten. Ich will es ja unbedingt, dass es besser wird und sich die Zwänge nicht so viel Platz in meinem Leben nehmen, weil ich weiß, dass da ganz viel in mir drinnen steckt, das momentan einfach versperrt ist und nicht raus kann, auch ganz viel Lebensfreude. Ich merk' auch, dass meine Hochsensibilität ganz und gar nicht nur negativ ist, sondern in vielen Bereichen sogar sehr positiv und wenn ich mit den richtigen Menschen zusammen bin, da bin ich oft so anders und das ist positiv und ich fühl' mich für Momente sowas von wohl, weil ich eine Seite von mir zeigen kann, die *ich* bin und die auch ganz lieb ist" (52).

Es kommt zu einer deutlichen Verbesserung der Befindlichkeit, zunehmend wird es ihr möglich, Positives zu erleben und wahrzunehmen. Sie klärt die Verlängerung des Klinikaufenthalts auch mit ihrem Dienstgeber ab und kann nun wieder hoffnungsvolle Gedanken fassen und auch neue Überlegungen bezüglich einer möglichen Veränderung ihrer Lebenssituation (Wohnungswechsel) im Sinne einer Perspektivenerweiterung anstellen: „Zum ersten Mal seit ich in der Klinik bin hab' ich das Gefühl, dass ich es doch schaffen könnte und fühl' mich auch irgendwie sehr positiv, hab aber gleichzeitig *so große Angst* davor, dass dieses Gefühl wieder umschwenkt" (59).

In den Abbildungen 30, 31 und 32 wird dieser Ordnungsübergang und Musterwechsel sehr deutlich. Die Spitze der dynamischen Komplexität (kritische Instabilität) im Verlauf des Items „Scham" (vgl. Abb. 31) korrespondiert zu dem in Abbildung 32 gut erkennbaren Ordnungsübergang (Recurrence Plot des TPB-Faktors „Dysphorische Affektivität").

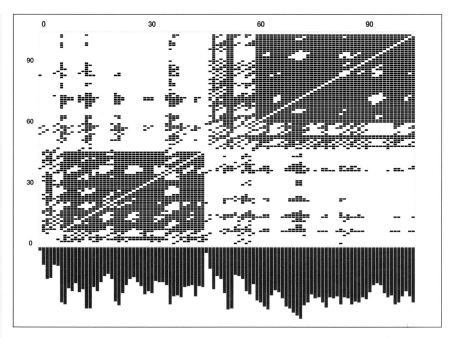

Abbildung 32: Im Recurrence Plot der Zeitreihe von Faktor IV „Dysphorische Affektivität/
Innenorientierung" wird der im Text beschriebene Ordnungsübergang sehr
deutlich.

Entwicklungen im Psychodrama. Im Psychodrama erlebt sie die Arbeit auf der Symbolebene
sehr sinnvoll, wie sie in ihrem SNS-Kommentar am 64. Tag schreibt (vgl. generisches Prinzip 3). In einer Gruppenskulptur („Die Gruppe als Landschaft", Symbolarbeit) kann sie sich
nach anfänglichem Zögern gut einfügen und einen Platz finden. Eine Woche später (71. Tag)
setzt sie sich in einer weiteren Symbolarbeit sowohl mit ihrer Lebendigkeit als auch dem
Wunsch nach Nähe auseinander. „Ein ganz neues Gefühl spür' ich, das mir gleichzeitig Angst
macht. Es ist ein positives Gefühl, ich hab' Ideen und neue Ziele und denke mir, mir steht
genauso die Tür offen, mich zu verändern – und trotzdem ist immer wieder dieser *Zweifel*
dabei, der auch vieles kaputt macht. Ich spür' jetzt öfters, dass in mir eine echt große Lebensfreude steckt und ich würde die so gern viel mehr und öfters ausleben, aber ich hab echt Angst
vor mir selber, leider – ist kein Selbstmitleid!!!!" (71).

Als wiederum eine Woche später das Thema Authentizität in der Gruppe wichtig wird (Anpassung versus Wagnis eigener Wahrheit), ist sie diejenige, die das Gruppenthema am stärksten trägt, das Angebot zu einem Protagonistinnenspiel dann aber ablehnt, sodass wir uns für
ein Gruppenspiel entscheiden. In der anschließenden Feedbackrunde kritisiert sie das Spiel
als oberflächlichen Smalltalk, der sie genervt hätte – worauf sie vom Gruppenleiter konfrontiert wird, dass sie damit eine Entwertung vornehme, die sie schließlich auch selbst trifft. Im
Tageskommentar greift sie dies auf: „Heut war ich wieder sehr traurig, in der Psychodramagruppe wollte ich zuerst aus Scham und Peinlichkeit nicht aus mir herausgehen, obwohl mich
meine Traurigkeit jetzt sehr stark beschäftigt und viel Platz einnimmt. Ich hab' es dann doch
geschafft, ein bisschen darüber zu reden und bin wieder draufgekommen, dass ich mir kaum
was wert bin und überhaupt nicht auf mich aufpasse, dass ich vor lauter Verlustangst mich

sehr oft füge und nicht zu meinen Bedürfnissen stehe bzw. sie äußere und mich auch erniedrige und mir selbst dabei weh tu. [...] In der Psychodramagruppe hab ich auch wieder erkannt, dass ich Anpassungsschwierigkeiten hab (bei dem Spiel mit dem Reisebus) und das ist sehr negativ für mich und wiederum die Bestätigung gewesen, dass mit mir was nicht passt und ich nicht viel wert bin und wieso ich oft allein bin" (78).

In der Tanz- und Bewegungstherapie (im Einzelsetting) am selben Tag setzt sie sich weiter mit ihrer Anpassungsbereitschaft auseinander: „Bei meiner Einzeltherapie in Tanz und Bewegung hab ich heute ein neues, sehr ungewohntes, aber auch schönes Gefühl gespürt. Wir sind darauf eingegangen, dass ich mich eben sehr oft füge und nicht auf mich aufpasse und mir auch einiges gefallen lasse [...] und doch wieder angekrochen komm', weil ich es einfach nicht glauben kann und wahrhaben will. Ich bin auch wieder draufgekommen, dass wenn ich allein bin es sich sehr oft anfühlt, als wenn ein Stück von mir fehlt, das ist auch wahrscheinlich der Grund, wieso ich mich dann von Beziehungen abhängig mach', doch das ist total schlimm, weil ich es dann auch nie selbst lenken kann" (78).

Störungsspezifische Arbeit. In der störungsspezifischen Gruppe wie in der Einzelpsychotherapie wurden die Expositionsübungen mit Reaktionsverhinderung (Flooding) im Selbstmanagement geplant und begleitet. Frau D. kann hier Teilerfolge verbuchen. Es gelingt im Laufe der Therapie, die sorgsam aufbewahrten „Spickzettel", auf denen sie die einzelnen Schritte der Reinigungsrituale kodiert, zunächst zu entsorgen und dann auf diese zusätzliche Kontrolle gänzlich zu verzichten. Schwieriger gestaltet sich die Beeinflussung der Wasch- und Reinigungsrituale in der Wohnung. Vor allem an „schlechten" Wochenenden, wenn Trauer und Einsamkeit stark spürbar werden, nimmt das Putzen und Reinigen Stunden in Anspruch – ein Verhaltensmuster, das sich erst gegen Ende der Therapie verändert. Auch beim Schreiben der täglichen SNS-Kommentare, welche Frau D. ausgiebig zur Selbstreflexion nutzt, erlebt sie Beeinträchtigungen durch Kontrollzwänge. Im weiteren Verlauf schafft sie es aber, die Kontrollen hinsichtlich Rechtschreibung, Richtigkeit des Ausdrucks usw. zu reduzieren oder gar wegzulassen, was im Hinblick auf ihre berufliche Tätigkeit von hoher Wichtigkeit ist. Die SNS-Kommentare werden somit zu einem Trainingsfeld im Umgang mit Kontrollzwängen. Mit zunehmender Selbstwirksamkeit tauchen Gedanken an mögliche Veränderungen in der beruflichen und der Wohnsituation auf, werden konkreter und planbar: „Nach der Chefvisite hab' ich mich dann ein bisschen geschämt und in Frage gestellt, weil ich so herausgesprudelt bin mit meinen Gedanken und Ideen, die ich seit kurzer Zeit hab'. [...] Meine Ideen und neuen Ziele betreffen meinen Wohnort und meinen Beruf. Dass sich immer gleichzeitig mit der Begeisterung diese Angst vor mir selbst und dem Versagen vermischen muss, aber vielleicht (hoffentlich) wird das auch noch. In der Ergotherapie bin ich heute draufgekommen, dass ich Angst davor hab', etwas Neues auszuprobieren und das ist nicht nur beim Basteln so, sondern auch in meinem Alltag" (70).

Zugang zur Aggression und Ressourcenarbeit. Im Laufe der Therapie wird Frau D. zunehmend offener und selbstbewusster. In einer Psychodramasitzung (85. Tag) konfrontiert sie eine Mitpatientin damit, dass sie sie als unempathisch und grenzüberschreitend erlebe. Eine mutige Aktion – als Antagonistin repräsentiert diese Mitpatientin auch all das Ungelebte in Frau D., unausgesprochen erleben wir die beiden in Konkurrenz um die Alpha-Position der Gruppe. Von der Gruppe kommt Bestätigung und Unterstützung. „Am Dienstag in der Psychodramagruppe war für mich die Möglichkeit da, etwas loszuwerden, das sich jetzt echt schon aufgestaut und mich auch belastet hat. Ich hab einer Mitpatientin in der Gruppe gesagt, dass es mir mit ihrer Art, wie sie sich gibt, echt schlecht geht, sie hat auf alles immer so schnell eine Antwort und löchert einen echt oft mit Fragen und wenn das Thema noch so sensibel ist" (85).

Die Auseinandersetzung mit den geplanten Veränderungen in ihrem Leben bringt sie auch ins Psychodrama ein, ebenso die Frage, wie sie sich bei der Rückkehr an ihren Arbeitsplatz gegen unangenehme Fragen der Kolleginnen zur Wehr setzen könne. Aber auf der Ebene des konkreten Handelns, z.B. in einem Rollenspiel, kommt sie in eine Blockade und wirkt wie gelähmt. Gedrückte Stimmung und Selbstzweifel sind die Folge. In Abbildung 29 wird dieser „Absturz" im Verlauf der Einschätzung von Therapiefortschritten und Veränderungszuversicht (Faktor I des TPB) deutlich sichtbar (92. Tag). Einige Tage später kann sie es direkt formulieren: *„Die unterdrückte Aggression kann der Grund sein für die Angst, die ich hab', etwas Falsches zu sagen! Dass die Angst da ist vor Veränderungen passt schon! Ich bin schon sehr viel weitergekommen! In meinem Leben ist jetzt wieder viel mehr Dynamik und das ist auch der Grund für manche Gefühle und Ängste"* (95).

Sie greift das Thema in der nächsten Sitzung nochmals auf. Sie möchte in Konfrontationen mit Kolleginnen oder auch mit der Familie sicherer auftreten und ihre Zukunftspläne verteidigen. Diesmal bieten wir ihr ein Ressourcenspiel an, für das sie Gruppenmitglieder in die Rolle von inneren Helfern wählt („Durchsetzungskraft", „Geduld", „Glaube an sich selbst", „Mut", „Motivation", usw.), sie zu einer Skulptur formt und jeweils zugewiesene Sätze sprechen lässt („Ich habe mich entschieden!", „Ich gebe nicht auf!", „Ich kann das!", „Mir steht alles offen!"). Die gesamte Gruppe wird eingebunden, selbst ihrer „Kontrahentin" weist sie eine Rolle zu („Durchsetzungskraft") und mit den Wiederholungen bekommen die Sätze eine suggestive Kraft, als ob der Chor eines antiken Dramas am Werke wäre.

„Heute war für mich die vorletzte Psychodramagruppe und ich find' es echt schön, dass ich mich heute getraut hab', in der Gruppe noch was zu machen, denn so kann ich die Gruppe sozusagen voll gut abschließen. Ich hab' viel mitnehmen können heute und mir das sogar aufgeschrieben, weil es für mich ganz viel bedeutet und sehr wichtig ist, es geht um das, dass ich schon merk', dass jetzt ein guter Zeitpunkt ist, wo die Therapie endet (noch 8 Tage), weil ich jetzt schon so viel aufgenommen hab' und ich will das auch umsetzen dann in meinem

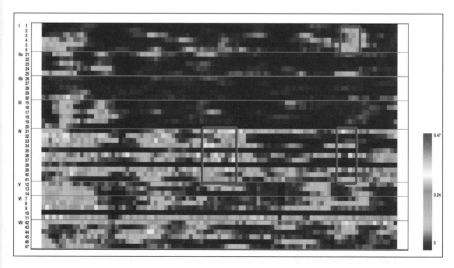

Abbildung 33: Komplexitäts-Resonanz-Diagramm (KRD) der Therapie. Markiert sind die beiden prägenden kritischen Instabilitäten und Ordnungsübergänge dieser Therapie. – Erklärungen zum KRD siehe Abbildung 14.

Alltag. Ich bin schon neugierig, ob mir das gelingen wird, möcht es natürlich ganz stark, doch hab ich auch *ziemliche Angst* davor" (99).

In der letzten Psychodramagruppe ist es ihr erstmals möglich, in einem Stegreifspiel („Die Gruppe trifft sich nach fünf Jahren wieder") in die „Als-ob-Realität" einzutauchen, etwas auszugestalten und zu genießen. Klare Pläne werden sichtbar: eine andere Wohnung mit großem Abstand zu den Eltern, Reduzierung der Arbeitszeit, Einstieg in eine Arbeit als Kinderbetreuerin und Erlernen eines Musikinstruments (106. Tag). Einen Tag später notiert sie, diesmal kurz und lapidar: „Heut hab ich es mal geschafft, dass mich ein Angriff eines Mitpatienten nur wenig verunsichert hat und ich mich gewehrt hab und trotzdem zu mir stand!" (107).

Abbildung 33 zeigt die beiden wesentlichen kritischen Instabilitäten, welche die Ordnungsübergänge dieser Therapie einleiten und begleiten, in einem Komplexitäts-Resonanz-Diagramm. In Abbildung 34 wird im Prä-Post-Vergleich der Erfolg der Therapie auf den symptomspezifischen Dimensionen eines Outcome-Fragebogens (ISR, Tritt et al., 2007) deutlich. Die Outcome-Erfassung und Therapie-Evaluation erfolgt ebenso mit dem SNS.

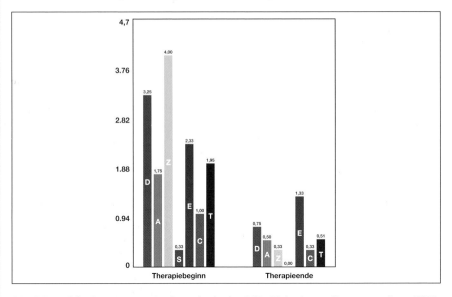

Abbildung 34: Outcome-Evaluation mittels des ICD-10-basierten Symptomratings (ISR). Subskalen: D (Depression), A (Angststörung), Z (Zwangsstörung), S (somatoforme Störung), E (Essstörung), C (Zusatzskala), T (Durchschnitt aller Skalen). Gegenüberstellung von Therapiebeginn und Therapieende.

Zusammenfassung. Frühe Bindungstraumatisierungen bedeuten oft, dass Prozesse der Affektspiegelung nicht in genügendem Ausmaß stattfanden und emotionale Sicherheit in Halt gebenden Beziehungen nicht entwickelt wurden. Solche Bedürfnisse nach Resonanz konnten für Frau D. in ihrem teilstationären Klinikaufenthalt „gestillt" und Gefühle von Geborgenheit intensiv erlebt werden. Das generische Prinzip 6 (Synchronisation und Resonanz) erwies sich in dieser Therapie nicht nur als Voraussetzung und Medium für psycho-emotionale Selbstorganisationsprozesse, sondern auch als therapeutisches Agens und Therapieziel. Trotz regressiver Phasen (und der im stationären Setting durchaus bestehenden Gefahr maligner Regression) war es in dieser Therapie wichtig, ihr Raum zu geben und sie in der Interaktion mit der Gesamtgruppe die symbolische Erfahrung einer „frühen Mutter" machen zu lassen. Um an ihre innere Lebendigkeit wieder Anschluss zu finden, brauchte es authentische Erfahrungen. Diese kommen nicht nur aus den Kontakten zu den Therapeuten, sondern ganz wesentlich auch von den Mitpatientinnen. Solche Erfahrungen sind mitunter auch konfrontativ und es braucht Zeit, sie zu machen, zu verarbeiten und zu integrieren. Daraus entstehen dann, wie in diesem Fall, therapeutische Ordnungsübergänge. Die Verhaltenstherapie stellt mit ihren psychoedukativen und kognitiven Komponenten hierfür einen störungsspezifischen Therapiepfeiler zur Verfügung, braucht aber auch interaktionelle Gruppenerfahrungen im Psychodrama und in der Bewegungstherapie sowie gesunde Strukturen der therapeutischen Gemeinschaft, um Begegnungen zu ermöglichen und ungelebte, genussvolle Anteile lebendig werden zu lassen.

10 Bezugspflege in einem integrativen Organisationsmodell

> *„Mit einer Hand lässt sich kein Knoten knüpfen."*
> Aus der Mongolei

Psychiatrische Pflege auf einer Psychotherapiestation bedeutet, sich als aktives Gegenüber zu erleben und aus der Reflexion der Psychodynamik dieser Begegnungen Konsequenzen für professionelles Handeln und die Teamarbeit abzuleiten. Der Pflegeprozess führt im Stationsalltag zu Situationen, die im therapeutischen Gruppen- und Einzelkontext nicht im selben Ausmaß sichtbar werden. In diesen Alltagssituationen wiederholen sich häufig Konflikte, die auch im psychosozialen Umfeld unserer Patienten zu Beeinträchtigungen führen. In der Bezugspflege werden diese Nöte und Sorgen für beide Seiten erlebbar. Voraussetzung für diese Begegnungen ist eine hohe Bereitschaft, sich mit den Biografien, Problemen und Anliegen unserer Patientinnen auseinanderzusetzen und ihnen als Halt gebendes und auch korrigierendes Gegenüber zur Verfügung zu stehen – ein hoher Anspruch an jede engagierte Pflegeperson, die in diesen Begegnungen auch mit eigenen Stärken und Schwächen sowie mit Übertragungs- und Gegenübertragungsgefühlen in Berührung kommt. Wichtige Qualitätsnormen dafür sind – neben der für jede Patientin namentlich benannten Pflegeperson und deren Stellvertretung – fortlaufende Intervision, Supervision und volle Integration des Pflegeprozesses in den gesamten Therapiekontext. Dazu dienen die intensiven regelmäßigen Teambesprechungen, die von allen Teammitgliedern hohe kommunikative Disziplin erfordern. Die Kunst ist, eigene Gegenübertragungsgefühle, die oft aus der großen Nähe zum Patienten resultieren, als wertvolle Bausteine der Beziehungsgestaltung zu integrieren und im konkreten Handeln zu berücksichtigen. Bewusst verändertes Verhalten führt so zu neuen Beziehungserfahrungen und Konfliktlösungen. Dies ist Herausforderung und gleichzeitig wichtige Komponente der Professionalität psychiatrischer Pflege, die zur Zufriedenheit von Pflegenden und Patientinnen beiträgt. Die hohe Arbeitszufriedenheit des Pflegepersonals zeigt sich an unserer Klinik an den niedrigen Fluktuationsraten unserer 12 Mitarbeiterinnen (zwei Pensionierungen und zwei Karenzurlaube in den letzten sechs Jahren).

Der Pflegeprozess in der stationären Psychotherapie. Nach Erhebung der Pflegeanamnese mit besonderer Berücksichtigung biografischer Inhalte sowie der Formulierung von Pflegeproblemen und Pflegediagnosen werden gemeinsam mit dem Patienten Therapieziele formuliert. Dabei steht die Erhaltung und Förderung von Ressourcen im Vordergrund. Die Bezugspflegeperson erstellt einen Pflegeplan, der im Team mit den anderen Berufsgruppen koordiniert wird. Wichtig ist der Aufbau einer therapeutischen Beziehung, in der die Patientinnen bei der Übernahme von Eigenverantwortung unterstützt werden, die ihre spezifischen Verhaltensmuster berücksichtigt und schließlich ein Korrektiv zu bestehenden Beeinträchtigungen sozialer Beziehungskompetenzen darstellt. In der Pflegebeziehung erleben sie sich in individueller Weise angenommen und können eine konstruktive Auseinandersetzung mit ihren erlernten, oft dysfunktionalen Verhaltensmustern durchleben. Die Anregungen zu neuem Verhalten werden auch in die von der Pflege geleiteten therapeutischen Gruppen für soziale Kompetenz und in das Skills-Training eingebracht.

Gestaltung eines therapeutischen Milieus. Für das Gelingen einer beziehungsorientierten psychiatrischen Pflege ist die Einbindung unserer Patienten in ein therapeutisches Stationsmilieu Voraussetzung. Dies eröffnet ihnen die Möglichkeit, unbewusste innere Konflikte im Hier und Jetzt zu re-inszenieren und in den Bezugspflegegesprächen zu reflektieren. Wir motivieren unsere Patientinnen, über das Bezugspflegegespräch und die therapeutische Gruppenarbeit hinaus, das Stationsmilieu als Übungsbühne zu nutzen, um neue Verhaltensweisen zu erproben und neue Erfahrungen zu machen. Dadurch werden permanent soziale und interaktive Lernprozesse angeregt. An der Aufrechterhaltung eines therapeutisch wirksamen Stationsklimas ist die Berufsgruppe der Pflegenden maßgeblich beteiligt. Im Vordergrund steht eine auf Verlässlichkeit und Empathiefähigkeit beruhende gute persönliche Beziehung zu unseren Patienten.

Pflegekräfte sorgen für die Herstellung einer „nährenden" Umgebung, also für Versorgung einerseits, aber auch für die Aufrechterhaltung eines gesicherten sozialen Milieus, in dem therapeutische Kommunikation stattfinden kann. Sich darauf einzulassen und sich in dieses Milieu zu integrieren ist für unsere Patientinnen, die oft mit ausgeprägten Bindungsdefiziten zu uns kommen, besonders in den ersten Wochen schwierig. Mit der Zeit erleben sie aber ein „Dazugehören" und trotz möglicher Konflikte eine sichere Basis für ihre gewünschten Veränderungen (generisches Prinzip 1). Die Bezugspflege übernimmt hier Hilfs-Ich-Funktionen und unterstützt die Patienten, bei auftretenden Irritationen nicht in den sozialen Rückzug zu gehen, sondern die Stationsgemeinschaft für entwicklungsförderliche Begegnungen zu nutzen. Auch die Stationsordnung gibt Sicherheit, sich in diesen sozialen Beziehungsnetzen übend bewegen zu können. Auch die Art, in der Beziehungen innerhalb des therapeutischen Teams gelebt werden ist für die Patienten spürbar und Beispiel gebend. Nicht selten erleben sie ein Dazugehören und Eingebunden-Sein in eine konstruktive Gemeinschaft zum ersten Mal und benennen dies als einen essenziellen Wirkfaktor der Therapie.

Die Arbeit der Bezugspflege ist in ein Behandlungsteam integriert, das aus Ärzten, Psychologen, Sozialarbeitern und diplomierten psychiatrischen Pflegepersonen besteht. Gemeinsam wird ein Therapiekonzept erstellt und die individuell ausgearbeitete Pflegeplanung von der Bezugspflegeperson eigenverantwortlich darauf abgestimmt. Für die Integration und Koordination der einzelnen therapeutischen Funktionen und deren psychodynamische Reflexion ist eine strukturierende Teamleitung unerlässlich.

Soziotherapeutische Gruppe. Ziel soziotherapeutischer Gruppen ist die Mobilisierung gesunder Anteile im Sinne des Salutogenese-Konzepts (Antonovsky, 1987; Antonovsky & Franke, 1997). Die Gruppeninteraktionen dienen der Ressourcenfindung und Ressourcenerhaltung und tragen zur Erweiterung sozialer Handlungskompetenzen bei. In einem geschützten Rahmen können Themen des Zusammenlebens auf der Station einschließlich auftauchender Konflikte besprochen und geklärt werden. Sie stellen ein Übungsfeld für vergleichbare Themen in natürlichen sozialen Feldern wie Familie, Freundeskreis, Arbeitsplatz, Schule, usw. dar. Auch die Gesundheitsförderung erhält in den Gruppen einen großen Stellenwert. Informationen über gesunde Ernährung, gesunde Bewegung, Aufklärung und Übungen zur Stressbewältigung, Schlafhygiene, das Erlernen von Achtsamkeitsübungen, Raucherentwöhnungsprogramme, aber auch die Freizeitplanung und das Gestalten von Festen einschließlich des Austauschs über regionale Bräuche sind Inhalte dieser Gruppen (zum psychotherapeutischen Wert regelmäßiger Bewegung [z. B. Berg-wandern] s. die Studie von Sturm et al., 2012). Patientinnen mit Migrationshintergrund bereichern den interkulturellen Austausch. Diskussionen über aktuelle, medial kolportierte Tagesthemen werden angeregt. Häufig trägt schon das gegenseitige Sich-ernst-Nehmen und sich zu Wort melden dürfen zur Selbstwertsteigerung bei. Die in den Soziotherapiegruppen gemachten Erfahrungen werden vielfach in den Einzelgesprächen mit Therapeuten und Bezugspflege aufgegriffen und reflektiert.

Skills-Training. Das Skills-Training orientiert sich am Manual „Interaktives Skills-Training für Borderline-Patienten" von Bohus und Wolf (2011). Die Skills-Gruppe wird von ausgebildeten Skills-Trainerinnen aus dem Pflegebereich abwechselnd mit anderen Berufsgruppen (Ärztinnen, Psychologen) durchgeführt. Die somit von allen Berufsgruppen getragene Gruppe bietet unterschiedliche Zugänge und differenzierte Übungsbeispiele für verschiedene Erlebnisfelder im Alltag. Vieles davon wird auch wieder in den Bezugs-pflegegesprächen aufgegriffen.

Das Skills-Training findet zweimal pro Woche mit einer Dauer von 75 Minuten statt. Bereits entlassene Patientinnen können die Gruppe nach Rücksprache mit dem Team ambulant weiter besuchen. Der Einstieg in eine laufende Gruppe ist immer nach Beendigung eines Moduls möglich, fehlende Einheiten werden dann im Anschluss mit einer neuen Patientengruppe nachgeholt. Resultierend aus der begrenzten Aufenthaltsdauer von 12 Wochen werden nur die für unsere Arbeit wesentlichsten Module behandelt. Für erfahrene Patienten bieten wir eine Fortgeschrittenengruppe an, in der schwierigere Themen wie die „Radikale Akzeptanz" bearbeitet werden. Begonnen wird nach der Einführung mit dem Achtsamkeitsmodul. Für viele Patienten entsteht dadurch ein direkter, verständlicher Zugang zum Thema „Emotionsregulation". Zusätzlich werden entsprechende Kompetenzen in einer eigenen Achtsamkeitsgruppe geübt. Anschließend folgt das Modul „Stresstoleranz", in der Fokus auf der Erarbeitung eines persönlichen Notfallplans und Notfallkoffers für relevante Stresssituationen liegt. Skills zur Spannungsreduktion in stark spannungsgeladenen Situationen werden vermittelt und geübt. Nach Ende des zweiten Moduls sollten die Gruppenteilnehmer in der Lage sein, ihre persönlichen Skills soweit einzusetzen, dass sie für die weiteren, emotionsaktivierenden Teile des Trainings gut vorbereitet sind.

Für viele Patienten sind die Module „Umgang mit Gefühlen", „Zwischenmenschliche Fertigkeiten" und „Selbstwert" besonders intensiv und anstrengend. Dies liegt nicht nur daran, dass viele neue Erkenntnisse und ungewohnte Gefühle auftreten, sondern auch an der dabei unvermeidlichen Konfrontation mit der eigenen Vergangenheit. Bearbeitet wird in den Modulen auch der Umgang mit bedeutsamen Emotionen. Mit Hilfe der Unterlagen werden strukturiert sowohl alte Verhaltensweisen bearbeitet wie auch alternative Kognitions-Emotions-Verhaltensmuster entwickelt. Neue und ungewohnte Erfahrungen irritieren in den ersten Wochen und müssen in zahlreichen Varianten geübt und vertraut werden; auch hierbei dienen die Bezugspflegegespräche als Reflexionsfeld und beseitigen Unklarheiten, die in der Skills-Gruppe selbst nicht ausgeräumt werden konnten. In dieser Phase vermitteln die Bezugspflegegespräche Stabilität, Orientierung und Sicherheit (Balance zwischen generischem Prinzip 1 und 5). Nicht selten werden Themen von den Patienten proaktiv eingebracht und im Zweierkontakt in aller Ruhe durchgearbeitet.

Erleichternd kommt hinzu, dass bereits vor dem Skills-Training eine professionelle
Pflegebeziehung aufgebaut wurde, welche dem Patienten Schutz vermittelt und intensive Begegnungen ermöglicht. Durch das gesamte Skills-Training hindurch fungiert
die Bezugspflege so als Orientierungshilfe. Viele Fragen tauchen oft erst nach den Grup-
peneinheiten auf, manche Gefühle können auch noch nicht genau benannt werden oder
sind stark schambesetzt. Hier übernimmt die Bezugspflege erneut eine Hilfs-Ich-Funktion und reichert den Entwicklungsprozess durch Erklärungen und Beispiele mit dem
Ziel an, geänderte Kognitions-Emotions-Verhaltens-Muster in das alltägliche Leben zu
integrieren (generisches Prinzip 8). Wichtig sind auch die Skills, die jeder Einzelne bereits mitbringt und anwendet, jedoch noch nie in diesem Zusammenhang wahrgenommen hat. Die Erfahrung, bereits etwas zu können, steigert die Eigenmotivation entscheidend. Sehr unterstützend kann sich hier auch ein frühzeitig durchgeführtes, ausführliches
Ressourceninterview auswirken (Schiepek & Cremers, 2003; Schiepek & Matschi, 2013).

Begleitung und Rahmengebung therapeutischer Selbstorganisation. Durch den im Therapieprozess definierten, eigenverantwortlichen Beitrag der Bezugspflege entsteht ein
wertschätzender Beziehungsrahmen, der weit über die eigentlichen Pflegethemen hinaus
genutzt wird. Unsere Patienten bekommen eine professionelle Begleiterin auf ihrer 12-wö-
chigen Reise durch ihr „Seelenleben" und durch die Turbulenzen ihrer psycho-sozialen
Selbstorganisationsprozesse. Umgekehrt ist diese Begleitungs- und Coaching-Rolle für
die Pflegepersonen ein entscheidender Identifikations- und Zufriedenheitsfaktor mit ihrem
Beruf.

Nachwort

Der hier vorliegende Band beschreibt ein Modell stationärer Psychotherapie, welches unter Einbeziehung störungsspezifischer Ansätze und auf der Basis eines Methodenpluralismus, grundsätzlich als integratives Konzept zu verstehen ist.

Früh machten wir die Erfahrung, ohne therapeutische Einzelleistungen schmälern zu wollen, dass bei Patienten dann Veränderungen in Gang kamen und sich Erfolge eher einstellten, wenn das „Gesamtgefüge" stimmig war, die Abstimmung aller Beteiligten untereinander harmonierte und wir für klare Rahmenbedingungen sorgten. Immer mehr wurde das bewusste und reproduzierbare Herstellen genau dieser Bedingungen zum erklärten Ziel unserer täglichen Arbeit am Sonderauftrag für stationäre Psychotherapie.

Dabei sehen wir uns häufig einem Spannungsfeld gegenüber: Einerseits bedarf es klarer Strukturen, Regeln und Rahmenbedingungen sowohl für das Team als auch für Patientinnen, andererseits ist dieser sichere Rahmen immer wieder zu verlassen, wenn wir mit Patientinnen in der Wiederholung ihrer traumatischen Beziehungserfahrungen in Turbulenzen geraten. Da sind wir herausgefordert, mit ihnen verbunden d. h. weiter in Begegnung zu bleiben, auch wenn Trennung, Entwertung oder sogar Vernichtung im Raum stehen mögen. Intersubjektivität, in diesen persönlichen Begegnungen, stellt neben dem Verständnis von Selbstorganisation einen der wichtigen Eckpfeiler unserer Arbeit dar.

In diesem Prozess gegenseitiger Anerkennung kommt es zu Resonanzen und Synchronisationen, die zugleich Voraussetzung und Ergebnis selbstorganisierender Prozesse sind – dies gilt nicht nur für die therapeutische Begegnung, sondern auch für den Umgang der Patientinnen untereinander und die gesamte Teamarbeit. Das Team in seiner Multiprofessionalität, gemeinsam mit der Sozietät der Patientengruppe, stellt die Matrix dieser Veränderungsprozesse dar. Die Begegnungen im Einzelnen, sowohl vom Ich zum Du als auch in der Gruppe bilden das Agens dieser Lernprozesse. Der Begriff Lernen könnte genauso gut wie der Begriff Begegnung als Metapher für unser Grundverständnis menschlicher Entwicklung stehen. Nicht nur in der Psychoedukationsgruppe sind dies neben Neugier und Motivation die zentralen Diskussionspunkte. Gelingt es uns, dieses Neugier-Verhalten unserer Kindheit zu aktivieren, entsteht die Bereitschaft, soziale Interaktionen bewusst und unbewusst für den therapeutischen Prozess zu nutzen.

Wie wir als Team korrigierende gesunde Erfahrungen ermöglichen und gleichzeitig die persönliche Entwicklung fördern, hoffen wir in dem vorliegenden Band nachvollziehbar dargestellt zu haben – Nachahmung wird explizit empfohlen.

Literatur

Aas, B. & Schiepek, G. (2014). Das Synergetische Navigationssystem (SNS). In I. Sammet, G. Dammann & G. Schiepek (Hrsg.), *Der psychotherapeutische Prozess*. Stuttgart: Kohlhammer.

Abderhalden, C. (2000). Interdisziplinäre Zusammenarbeit: Wünsche und Wirklichkeit. In W. Ruff (Hrsg.), *Heilsame Begegnungen. Netzwerke in der stationären Psychotherapie* (S. 93–106). Göttingen: Vandenhoeck & Ruprecht.

Allen, J. G. & Fonagy, P. (Hrsg.). (2009). *Mentalisierungsgestützte Therapie. Das MBT-Handbuch. Konzepte und Praxis*. Stuttgart: Klett-Cotta.

Altmeyer, M. (2005). Innen, Außen, Zwischen. Paradoxien des Selbst bei Donald Winnicott. *Forum der Psychoanalyse, 21*, 43–57. http://doi.org/10.1007/s00451-005-0229-6

Altmeyer, M. (2011). Soziales Netzwerk Psyche. Versuch einer Standortbestimmung der modernen Psychoanalyse. *Forum der Psychoanalyse, 27*, 107–127. http://doi.org/10.1007/s00451-011-0067-7

Altmeyer, M. & Thomä, H. (Hrsg.). (2010). *Die vernetzte Seele. Die intersubjektive Wende in der Psychoanalyse* (2. Aufl.). Stuttgart: Klett-Cotta.

Ambühl, H. (2005). Kognitive Verhaltenstherapie bei Zwangsstörungen. In H. Ambühl (Hrsg.), *Psychotherapie der Zwangsstörungen* (S. 39–56). Stuttgart: Thieme Verlag.

Ameln, F. von, Gerstmann, R. & Kramer, J. (2009). *Psychodrama* (2. Aufl.). Heidelberg: Springer. http://doi.org/10.1007/978-3-540-89913-6

Antonovsky, A. (1987). *Unraveling the mystery of health*. London: Jossey Bass.

Antonovsky, A. & Franke, A. (1997). *Salutogenese. Zur Entmystifizierung der Gesundheit*. Tübingen: dgvt.

Arbeitskreis zur Operationalisierung Psychodynamischer Diagnostik (OPD). (Hrsg.). (2006). *Operationalisierte Psychodynamische Diagnostik OPD-2. Das Manual für Diagnostik und Therapieplanung*. Bern: Hans Huber.

Bachhofen, A. (2012). *Trauma und Beziehung. Grundlagen eines intersubjektiven Behandlungsansatzes*. Stuttgart: Klett-Cotta.

Becker, J. (2002): Denn Sie wissen was Sie tun? Wirkfaktoren im Psychodrama. *Zeitschrift für Psychodrama und Soziometrie, 1*, 7–17.

Bents, H. (2005). Zur Frage der Indikation ambulanter und stationärer Psychotherapie. In H. Ambühl (Hrsg.), *Psychotherapie der Zwangsstörungen* (S. 181–193). Stuttgart: Thieme Verlag.

Bleckwedel, J. (2008). *Systemische Therapie in Aktion. Kreative Methoden in der Arbeit mit Familien und Paaren*. Göttingen: Vandenhoeck & Ruprecht.

Bohleber, W. (2011). Die intersubjektive Geburt des Selbst. Neue Ergebnisse der Entwicklungsforschung in ihrer Bedeutung für die Psychoanalyse, deren Behandlungstheorie und Anwendungen. *Psyche. Zeitschrift für Psychoanalyse, 65*, 769–777.

Bohus, M. (2007). Zur Versorgungssituation von Borderline-Patienten in Deutschland. *Persönlichkeitsstörungen, Theorie und Therapie, 11*, 149–153.

Bohus, M. & Wolf, M. (2011). *Interaktives Skills Training für Borderline-Patienten*. Stuttgart: Schattauer.

Bolm, T. (2009). *Mentalisierungsbasierte Therapie (MBT) für Borderline-Störungen und chronifizierte Traumafolgen*. Köln: Deutscher Ärzte-Verlag.

Bråten, S. (2012). Intersubjektive Partizipation: Bewegungen des virtuellen Anderen bei Säuglingen und Erwachsenen. *Psyche. Zeitschrift für Psychoanalyse, 65*, 832–861.

Brockmann, J. & Sammet, I. (2003). Die „Control-Mastery-Theorie" von Weiss. Theoretische Grundlagen und empirische Ergebnisse des psychoanalytischen Therapieprozesses. In A. Gerlach, A. M. Schlösser & A. Springer (Hrsg.), *Psychoanalyse mit und ohne Couch* (S. 280–293). Gießen: Psychosozial-Verlag.

Bruschweiler-Stern, N., Harrison, A. M., Lyons-Ruth, K., Morgan, A. C., Nahum, J. P., Sander, L. W. et al. (2004). Das Implizite erklären: Die lokale Ebene und der Mikroprozess der Veränderung in der analytischen Situation. *Psyche. Zeitschrift für Psychoanalyse, 68*, 935–952.

Buchholz, M. B. (2000). Zwischen Fallbezug und Teamdynamik. In W. Ruff (Hrsg.), *Heilsame Begegnungen. Netzwerke in der stationären Psychotherapie* (S. 115–134). Göttingen: Vandenhoeck & Ruprecht.

Buer, F. (1991). Morenos therapeutische Philosophie. Eine Einführung in ihre kultur- und ideengeschichtlichen Kontexte. In F. Buer (Hrsg.), *Morenos therapeutische Philosophie. Zu den Grundlagen von Psychodrama und Soziometrie* (2. Aufl., S. 9–42). Opladen: Leske + Budrich.

Canazei, M. (2007). *Anwärmung in psychodramatisch geführten Gruppen.* Masterthesis, Donau-Universität Krems, Department für Psychosoziale Medizin und Psychotherapie.

Casson, J. (2004). *Drama, psychotherapy and psychosis. Dramatherapy and psychodrama with people who hear voices.* London: Brunner-Routledge.

Dally, A. (2004). Die fokusorientierte stationäre Psychotherapie unter besonderer Berücksichtigung der ich-strukturellen Störungen. In R. Klüwer & R. Lachauer (Hrsg.), *Der Fokus. Perspektiven für die Zukunft* (Psychoanalytische Blätter, Bd. 26, S. 51–64). Göttingen: Vandenhoeck & Ruprecht.

Damasio, A. R. (2001). *Ich fühle, also bin ich. Die Entschlüsselung des Bewusstseins* (3. Aufl.). München: List.

Dantlgraber, J. (2008). „Musikalisches Zuhören". Zugangswege zu den Vorgängen in der unbewussten Kommunikation. *Forum der Psychoanalyse, 24,* 161–176. http://doi.org/10.1007/s00451-008-0350-4

Daser, E. (2003). Begegnung im Dienste des Begreifens. Anerkennung als Moment des analytischen Prozesses. *Forum der Psychoanalyse, 19,* 295–311. http://doi.org/10.1007/s00451-003-0174-1

Daser, E. (2005). Anerkennung als interaktionelles Moment in der Psychoanalyse. *Forum der Psychoanalyse, 21,* 168–183. http://doi.org/10.1007/s00451-005-0235-8

Dies, R. R. (2001). Die Rolle des Therapeuten in der Gruppenpsychotherapie – Vorbereitung der Bedingungen für therapeutische Veränderung. In V. Tschuschke (Hrsg.), *Praxis der Gruppenpsychotherapie* (S. 88–93). Stuttgart: Thieme.

Dold, M., Lenz, G., Demal, U. & Aigner, M. (2010): Monitoring- und Feedback-Systeme in der Psychotherapie. *Psychotherapie Forum, 18,* 208–214.

Dornes, M. (2002). Der virtuelle Andere. Aspekte vorsprachlicher Intersubjektivität. *Forum der Psychoanalyse, 18,* 303–331. http://doi.org/10.1007/s00451-002-0128-z

Dulz, B., Schreyer, D. & Nadolny, A. (2000). Stationäre Psychotherapie: Von haltender Funktion, technischer Neutralität und persönlicher Sympathie. In O. F. Kernberg, B. Dulz & U. Sachsse (Hrsg.), *Handbuch der Borderline-Störungen* (S. 483–503). Stuttgart: Schattauer.

Duncan, B., Miller, S., Wampold, B. & Hubble, M. (2010). (Eds.). *The heart and soul of change* (2nd ed.). Washington, DC: American Psychological Association.

Eberhard, H.-J. (2005). Rollenübernahme und unbewusste Konflikte. Der Identitätsbegriff an der Schnittstelle zwischen Psychoanalyse und Handlungssoziologie. *Forum der Psychoanalyse, 21,* 78–86. http://doi.org/10.1007/s00451-005-0225-x

Enke, H. (2001). Sozialpsychologische Grundlagen des Settings Gruppe. In V. Tschuschke (Hrsg.), *Praxis der Gruppenpsychotherapie* (S. 2–7). Stuttgart: Thieme.

Ferenczi, S. (1933). Sprachverwirrung zwischen den Erwachsenen und dem Kind. Die Sprache der Zärtlichkeit und der Leidenschaft. *Internationale Zeitschrift für Psychoanalyse, 19,* 5–15.

Ferenczi, S. (1988). *Ohne Sympathie keine Heilung. Das klinische Tagebuch von 1932*. Frankfurt/ Main: S. Fischer.

Fonagy, P., Gergely, G., Jurist, E. L. & Target, M. (2006). *Affektregulierung, Mentalisierung und die Entwicklung des Selbst* (2. Aufl.). Stuttgart: Klett-Cotta.

Fonagy, P. & Luyten, P. (2011). Die entwicklungspsychologischen Wurzeln der Borderline-Persönlichkeitsstörung in Kindheit und Adoleszenz. Ein Forschungsbericht unter dem Blickwinkel der Mentalisierungstheorie. *Psyche. Zeitschrift für Psychoanalyse, 65,* 900–952.

Förstner, U., Külz, A. K. & Vorderholzer, U. (2011). *Störungsspezifische Behandlung der Zwangsstörungen. Ein Therapiemanual*. Stuttgart: Kohlhammer.

Frick, E. (1996). *Durch Verwundung heilen. Zur Psychoanalyse des Heilungsarchetyps*. Göttingen: Vandenhoeck & Ruprecht.

Frick, E. (2009). *Psychosomatische Anthropologie. Ein Lehr- und Arbeitsbuch für Unterricht und Studium*. Stuttgart: Kohlhammer.

Gathmann, P. & Semrau-Lininger, C. (1996). *Der verwundete Arzt. Ein Psychogramm des Heilberufes*. München: Kösel.

Gergely, G. & Unoka, Z. (2011). Bindung und Mentalisierung beim Menschen. Die Entwicklung des affektiven Selbst. *Psyche. Zeitschrift für Psychoanalyse, 65,* 862–899.

Grande, T. & Schauenburg, H. (2007). Therapeutische Haltung und Beziehungsgestaltung in der Arbeit mit Borderline-Patienten. Der Beitrag der strukturbezogenen Psychotherapie. *Psychotherapie im Dialog, 8,* 311–315. http://doi.org/10.1055/s-2007-986268

Grossmann, K. (2014). *Systemische Einzeltherapie* (Systemische Praxis, Bd. 3). Göttingen: Hogrefe.

Gumz, A. (2014). Die Bedeutung von Krisen in der therapeutischen Beziehung. In I. Sammet, G. Dammann & G. Schiepek (Hrsg.), *Der psychotherapeutische Prozess*. Stuttgart: Kohlhammer.

Gumz, A., Bauer, K. & Brähler, E. (2012). Corresponding instability of patient and therapist process ratings in psychodynamic psychotherapies. *Psychotherapy Research, 22,* 26–39. http://doi.org/10.1080/10503307.2011.622313

Guntrip, H. (1997). Meine analytische Erfahrung mit Fairbairn und Winnicott. Wie vollständig ist das Ergebnis psychoanalytischer Therapie? *Psyche. Zeitschrift für Psychoanalyse, 51,* 676–699.

Gurevich, H. (2012). Die Sprache der Abwesenheit. *Psyche. Zeitschrift für Psychoanalyse, 66,* 1074–1101.

Haken, H. & Schiepek, G. (2010). *Synergetik in der Psychologie. Selbstorganisation verstehen und gestalten* (2. Aufl.). Göttingen: Hogrefe.

Hale, A. E. (1994). Soziometrische Zyklen. Ein Soziodynamisches Verlaufsmodell für Gruppen und ihre Mitglieder. *Psychodrama. Zeitschrift für Theorie und Praxis von Psychodrama, Soziometrie und Rollenspiel, 7,* 179–196.

Heinzel, S., Tominschek, I. & Schiepek, G. (2014). Dynamic patterns in psychotherapy – discontinuous changes and critical instabilities during the treatment of obsessive compulsive disorder. *Nonlinear Dynamics, Psychology, and Life Sciences, 18,* 155–176.

Hildebrandt, G. & Moser, M. (1998). *Chronobiologie und Chronomedizin*. Stuttgart: Hippokrates.

Höger, D. (2005). Die psychotherapeutische Beziehung im Lichte der Bindungsforschung. In M. Urban & H. P. Hartmann (Hrsg.), *Bindungstheorie in der Psychiatrie* (S. 46–53). Göttingen: Vandenhoeck & Ruprecht.

Holmes, J. (2009). Mentalisieren in psychoanalytischer Sicht: Was ist neu? In J. G. Allen & P. Fonagy (Hrsg.), *Mentalisierungsgestützte Therapie. Das MBT-Handbuch. Konzepte und Praxis* (S. 62–86). Stuttgart: Klett-Cotta.

Hutter, C. (2004). Konzepte in der Persönlichkeitstheorie Morenos. In J. Fürst, K. Ottomeyer & H. Pruckner (Hrsg.), *Psychodrama-Therapie. Ein Handbuch* (S. 103–113). Wien, Facultas.

Hutter, C. (2010). Morenos Begriff der Begegnung. *Zeitschrift für Psychodrama und Soziometrie, 9,* 211–224. http://doi.org/10.1007/s11620-010-0081-6

Hutter, C. & Schwehm, H. (Hrsg.). (2012). *J. L. Morenos Werk in Schlüsselbegriffen* (2. Aufl.). Wiesbaden: VS Verlag für Sozialwissenschaften.

Jaenicke, C. (2006). *Das Risiko der Verbundenheit – Intersubjektivitätstheorie in der Praxis*. Stuttgart: Klett-Cotta.

Jaenicke, C. (2010). *Veränderungen in der Psychoanalyse. Selbstreflexionen des Analytikers in der therapeutischen Beziehung*. Stuttgart: Klett-Cotta.

Janssen, P. L. (1987). *Psychoanalytische Therapie in der Klinik*. Klett-Cotta: Stuttgart.

Janssen, P. L. (2004). Berufsgruppen- und methodenintegrierende Teamarbeit in der stationären psychodynamischen Psychotherapie. *Psychotherapeut, 49,* 217–226. http://doi.org/10.1007/s00278-004-0373-2

Janssen, P. L. (2012). Zur Theorie und Praxis psychoanalytisch begründeter stationärer Psychotherapie. *Forum der Psychoanalyse, 28,* 337–358. http://doi.org/10.1007/s00451-012-0123-y

Kellermann, P. F. (2000). The therapeutic aspects of psychodrama with traumatized people. In P. F. Kellermann & M. K. Hudgins (Eds.), *Psychodrama with trauma survivors. Acting out your pain* (pp. 23–38). London: Jessica Kingsley Publishers.

Kennel, R. (2012). Bions Container-Contained-Modell – und die hieraus entwickelte Denktheorie. In I. Härtel & O. Knellessen (Hrsg.), *Das Motiv der Kästchenwahl. Container in Psychoanalyse, Kunst, Kultur* (Psychoanalytische Blätter, Bd. 31, S. 69–85). Göttingen: Vandenhoeck & Ruprecht.

Köllner, V. & Senf, W. (2010). Stationäre Psychotherapie – Modell für integrative Therapie. *Psychotherapie im Dialog, 11,* S. 48–53. http://doi.org/10.1055/s-0029-1223490

Köppenhöfer, E. (2004). *Kleine Schule des Genießens. Ein verhaltenstherapeutisches Behandlungsprogramm zum Aufbau positiven Erlebens und Handelns*. Lengerich: Pabst Science Publishers.

Kronberger, H. (2009). Kunst, Musik & Kultur – ästhetische Dimensionen im Krankenhaus. In Bundesvereinigung MediArt & C. Krüger (Hrsg.), *Balsam für die Seele. Einblicke in klinische Kunst- & Kulturarbeit* (S. 170–179). Magdeburg: docupoint Verlag.

Kronberger, H. (2014). Therapeutische Selbstorganisation in der stationären Psychotherapie: Veränderungsprozesse in Fallvignetten. In I. Sammet, G. Dammann & G. Schiepek (Hrsg.), *Der psychotherapeutische Prozess*. Stuttgart: Kohlhammer.

Krüger, R. T. (2000). Begegnung als Rahmen psychodramatischen Denkens und Handelns in der Einzeltherapie. *Psychodrama. Zeitschrift für Theorie und Praxis von Psychodrama, Soziometrie und Rollenspiel, 10,* 65–90.

Krüger, R. T. (2001). Psychodrama in der Behandlung von psychotisch erkrankten Menschen – Praxis und Theorie. *Gruppenpsychotherapie und Gruppendynamik, 37,* 254–273.

Kruse, P. & Stadler, M. (Eds.). (1995). *Ambiguity in mind and nature. Multistable cognitive phenomena*. Berlin: Springer. http://doi.org/10.1007/978-3-642-78411-8

Kübber, S. (2007). *Mann und Frau auf dem Weg zur inneren Hochzeit*. Salzburg: Anton Pustet.

Kunzke, D. (2011). Grundlegende Merkmale interpersonaler, intersubjektiver und relationaler Ansätze als Ausdruck aktueller Entwicklungstendenzen in der Psychoanalyse. *Psyche. Zeitschrift für Psychoanalyse, 65,* 577–616.

Lachauer, R. (2005). Du sollst dir ein Bild machen. Fokus – Metapher – psychoanalytische Heuristik. *Forum der Psychoanalyse, 21,* 14–29. http://doi.org/10.1007/s00451-005-0228-7

Lakatos, A. & Reinecker, H. (2007). *Kognitive Verhaltenstherapie bei Zwangsstörungen. Ein Therapiemanual* (3. überarb. Aufl.). Göttingen: Hogrefe.

Lambert, M. J., Harmon, C., Slade, K., Whipple, J. L. & Hawkins, E. J. (2005). Providing feedback to psychotherapists on their patient's progress: clinical results and practice suggestions. *Journal of Clinical Psychology, 61,* 165–174. http://doi.org/10.1002/jclp.20113

Lauterbach, M. (2003). Rollentausch und systemische Therapie. *Zeitschrift für Psychodrama und Soziometrie, 2,* 79–82. http://doi.org/10.1007/s11620-003-0009-5

Lauterbach, M. (2007). *Wie Salz in der Suppe. Aktionsmethoden für den beraterischen Alltag*. Heidelberg: Carl-Auer.

Leeb, W. (1991). Psychodrama in der psychiatrischen Rehabilitation. In M. Vorwerg & T. Alberg (Hrsg.), *Psychodrama* (Psychotherapie und Grenzgebiete, Bd. 12, S. 101–113). Leipzig: Johann Ambrosius Barth.

Lempa, G. (2012). Was heißt eigentlich Psychoanalyse der Psychosen? Überlegungen zur Modifikation der Behandlungstechnik. In G. Lempa & E. Troje (Hrsg.), *Vom Monolog zum Dialog. Neue psychoanalytische Konzepte bei schwer erreichbaren psychotischen Patienten* (Forum der psychoanalytischen Psychosentherapie, Bd. 27, S. 11–48). Göttingen: Vandenhoeck & Ruprecht.

Leutz, G. (1974). *Psychodrama. Theorie und Praxis*. Berlin, Heidelberg: Springer. http://doi.org/10.1007/978-3-642-65901-0

Lewin, K. (1963). *Feldtheorie in den Sozialwissenschaften*. Bern: Huber.

Lewin, K. (1969). *Grundzüge der Topologischen Psychologie*. Bern: Huber.

Lovibond, S. H. & Lovibond, P. F. (1995). *Manual for the Depression Anxiety Stress Scales*. Sydney, AUS: Psychology Foundation.

Lutz, R. (2008). Genussgruppe: „Die kleine Schule des Genießens". In M. Linden & M. Hautzinger (Hrsg.), *Verhaltenstherapiemanual* (6. Aufl., S. 389–392). Heidelberg: Springer.

Matakas, F. (1992). *Neue Psychiatrie. Integrative Behandlung: psychoanalytisch und systemisch*. Göttingen: Vandenhoeck & Ruprecht.

Maurer, G., Aichhorn, W., Leeb, W., Matschi, B. & Schiepek, G. (2011). Real-Time Monitoring in der Psychotherapie – Methodik und Kasuistik. *Neuropsychiatrie, 25,* 135–141.

Mitchell, S. (2003). *Bindung und Beziehung. Auf dem Weg zu einer relationalen Psychoanalyse*. Gießen: Psychosozial-Verlag.

Mitchell, S. (2005). *Psychoanalyse als Dialog. Einfluss und Autonomie in der analytischen Beziehung*. Gießen: Psychosozial-Verlag.

Moreno, J. L. (1988). *Gruppenpsychotherapie und Psychodrama. Einleitung in die Theorie und Praxis* (3. Aufl.). Stuttgart: Thieme.

Morschitzky, H. (2004). *Angststörungen. Diagnostik, Konzepte, Therapie, Selbsthilfe*. Wien: Springer-Verlag. http://doi.org/10.1007/978-3-7091-3725-3

Oelkers, C., Hautzinger, M. & Bleibel, M. (2007). *Zwangsstörungen. Ein kognitiv-verhaltenstherapeutisches Behandlungsmanual*. Weinheim: Beltz-Verlag.

Ogden, T. H. (1998). Zur Analyse von Lebendigem und Totem in Übertragung und Gegenübertragung. *Psyche. Zeitschrift für Psychoanalyse, 52,* 1067–1092.

Orange, D. M. (2004). *Emotionales Verständnis und Intersubjektivität. Beiträge zu einer psychoanalytischen Epistemologie*. Frankfurt/Main: Brandes & Apsel.

Orange, D. M., Atwood, G. E. & Stolorow, R. D. (2001). *Intersubjektivität in der Psychoanalyse. Kontextualismus in der psychoanalytischen Praxis*. Frankfurt/Main: Brandes & Apsel.

Ottomeyer, K. (2011). *Die Behandlung der Opfer. Über unseren Umgang mit dem Trauma der Flüchtlinge und Verfolgten*. Stuttgart: Klett-Cotta.

Prager, H. (2003). Ein „now moment" unter der Lupe. Eine Fallgeschichte. *Forum der Psychoanalyse, 19,* 312–325. http://doi.org/10.1007/s00451-003-0175-0

Pruckner, H. (2004). Soziometrie – Eine Zusammenschau von Grundlagen, Weiterentwicklungen und Methodik. In J. Fürst, K. Ottomeyer & H. Pruckner (Hrsg.), *Psychodrama-Therapie. Ein Handbuch* (S. 161–192). Wien: Facultas.

Reddemann, L. (2001). *Imagination als heilsame Kraft*. Stuttgart: Klett-Cotta.

Reddemann, L. (2004). *Psychodynamisch imaginative Traumatherapie. PITT – Das Manual*. Paderborn: Junfermann.

Rudolf, G. & Grande, T. (2006). Fokusbezogene psychodynamische Psychotherapie. Ein OPD-basierter Leitfaden. *Psychotherapeut, 51,* 276–289. http://doi.org/10.1007/s00278-005-0463-9

Rufer, M. (2012). *Erfasse komplex, handle einfach. Systemische Psychotherapie als Praxis der Selbstorganisation – ein Lernbuch.* Göttingen: Vandenhoeck & Ruprecht.

Ruff, W. (2000). (Hrsg.). *Heilsame Begegnungen. Netzwerke in der stationären Psychotherapie.* Göttingen: Vandenhoeck & Ruprecht.

Sachsse, U. (1989). Psychotherapie mit dem Sheriff-Stern. *Gruppenpsychotherapie und Gruppendynamik, 25,* 141–158.

Sammet, I., Rabung, S. & Leichsenring, F. (2006). Bedeutung und Entwicklung von Einsicht während des psychotherapeutischen Prozesses. Eine quantitative Einzelfallstudie auf Grundlage der Control-Mastery-Theorie. *Psychotherapeut, 51,* 197–205. http://doi.org/10.1007/s00278-005-0452-z

Sander, L. W. (2009). Anders Denken. Prinzipien des Prozessverlaufs in lebenden Systemen und die Spezifität des Erkanntwerdens. In L. W. Sander (Hrsg.), *Die Entwicklung des Säuglings, das Werden der Person und die Entstehung des Bewusstseins* (S. 282–305). Stuttgart: Klett-Cotta.

Schacht, M. (1992). Zwischen Chaos und Ordnung. Neue Aspekte zur theoretischen und praktischen Fundierung der Konzeption von Spontaneität und Kreativität. *Psychodrama. Zeitschrift für Theorie und Praxis von Psychodrama, Soziometrie und Rollenspiel, 5,* 95–130.

Schacht, M. (2003). *Spontaneität und Begegnung. Zur Persönlichkeitsentwicklung aus der Sicht des Psychodramas.* München: inScenario.

Schacht, M. (2009). *Das Ziel ist im Weg. Störungsverständnis und Therapieprozess im Psychodrama.* Wiesbaden: VS Verlag für Sozialwissenschaften. http://doi.org/10.1007/978-3-531-91462-6

Schacht, M. & Pruckner, H. (2010). Beziehungsgestaltung in der Psychodramatherapie. Arbeit auf der Begegnungsbühne. *Zeitschrift für Psychodrama und Soziometrie, 9,* 239–254. http://doi.org/10.1007/s11620-010-0084-3

Schiepek, G. (2009). Autonomie und Eigendynamik von Patienten und deren Entwicklungsprozesse. *Psychotherapie im Dialog, 10,* 296–301. http://doi.org/10.1055/s-0029-1223382

Schiepek, G. & Aichhorn, W. (2013). Real-Time Monitoring in der Psychotherapie. *Psychotherapie, Psychosomatik, Medizinische Psychologie, 63,* 39–47.

Schiepek, G., Aichhorn, W. & Strunk, G. (2012). Der Therapie-Prozessbogen (TPB). Faktorenstruktur und psychometrische Daten. *Zeitschrift für Psychosomatische Medizin und Psychotherapie, 58,* 257–266.

Schiepek, G. & Cremers, S. (2003). Ressourcenorientierung und Ressourcendiagnostik in der Psychotherapie. In H. Schemmel & J. Schaller (Hrsg.), *Ressourcen. Ein Hand- und Lesebuch zur therapeutischen Arbeit* (S. 147–193). Tübingen: dgvt.

Schiepek, G., Eckert, H. & Kravanja, B. (2013a). *Grundlagen systemischer Therapie und Beratung. Psychotherapie als Förderung von Selbstorganisationsprozessen* (Systemische Praxis, Bd. 1). Göttingen: Hogrefe.

Schiepek, G., Karch, S., Tominschek, I. & Pogarell, O. (2011b). Zwangsstörungen. In G. Schiepek (Hrsg.), *Neurobiologie der Psychotherapie* (2., völlig überarb. und erw. Aufl., S. 405–432). Stuttgart: Schattauer.

Schiepek, G., Kronberger, H. & Aichhorn, W. (2013b). Angststörungen. In B. Boothe & A. Riecher-Rössler (Hrsg.), *Frauen in Psychotherapie: Grundlagen – Störungsbilder – Behandlungsangebote* (S. 105–123). Stuttgart: Schattauer.

Schiepek, G., Ludwig-Becker, F. & Petzold, E. (2001). Stationäre Psychotherapie ist nichtstationär. Die Erfassung von Prozessmerkmalen mittels Fluktuations-Resonanz-Diagrammen. In M. Bassler (Hrsg.), *Störungsspezifische Ansätze in der stationären Psychotherapie* (S. 278–294). Gießen: Psychosozial Verlag.

Schiepek, G. & Matschi, B. (2013). Ressourcenerfassung im therapeutischen Prozess. Darstellung, Förderung und nachhaltige Nutzung. *Psychotherapie im Dialog, 14,* 56–61. http://doi.org/10.1055/s-0033-1337098

Schiepek, G. & Strunk, G. (2010). The identification of critical fluctuations and phase transitions in short term and coarse-grained time series – a method for the real-time monitoring of human change processes. *Biological Cybernetics, 102,* 197–207. http://doi.org/10.1007/s00422-009-0362-1

Schiepek, G., Tominschek, I. & Heinzel, S. (in press). Self-organization in psychotherapy – testing the Synergetic model of change processes. *Frontiers in Psychology for Clinical Settings.*

Schiepek, G., Tominschek, I., Karch, S., Lutz, J., Mulert, C., Meindl, T. & Pogarell, O. (2009). A controlled single case study with repeated fMRI measures during the treatment of a patient with obsessive-compulsive disorder: testing the nonlinear dynamics approach to psychotherapy. *World Journal of Biological Psychiatry, 10,* 658–668.

Schiepek, G., Zellweger, A., Kronberger, H., Aichhorn, W. & Leeb, W. (2011a). Psychotherapie. In G. Schiepek (Hrsg.), *Neurobiologie der Psychotherapie* (2., völlig überarb. und erw. Aufl., S. 567–592). Stuttgart: Schattauer.

Schmid, W. (2000). *Schönes Leben? Einführung in die Lebenskunst.* Frankfurt/Main: Suhrkamp.

Schmidt, E. (2006). Zwischen Verkörperung und Versprachlichung – die Konzentrative Bewegungstherapie als gruppentherapeutische Methode. In K. Schreiber-Willnow & G. Hertel (Hrsg.), *Rhein-Klinik: Aufsätze aus dem Innenleben* (S. 108–130). Frankfurt/Main: VAS Verlag.

Silberschatz, G. (2005). *Transformative relationships. The control-mastery theory of psychotherapy.* New York: Routledge.

Skogstad, W. (2001). Innere und äußere Realität in der stationären Psychotherapie. Zur Behandlung schwergestörter Patienten am Cassel Hospital. *Forum der Psychoanalyse, 17,* 118–139. http://doi.org/10.1007/s004510100078

Stadler, C. (2002). Von Sicheren Orten und Inneren Helfern. Elemente von Psychodramatherapie mit traumatisierten Menschen. *Zeitschrift für Psychodrama und Soziometrie, 1,* 177–186. http://doi.org/10.1007/s11620-002-0018-9

Stasch, M. & Cierpka, M. (2006). Umsetzung interpersoneller Therapiefoki mit einem multiprofessionellen Behandlerteam. Herausforderung an die stationäre Psychotherapie. *Psychotherapeut, 51,* 55–63. http://doi.org/10.1007/s00278-005-0462-x

Stelzig, M. (2004). Psychodrama-Therapie bei psychosomatischen Störungen. In J. Fürst, K. Ottomeyer & H. Pruckner (Hrsg.), *Psychodrama-Therapie. Ein Handbuch* (S. 379–389). Wien: Facultas.

Stern, D.N. (2010). *Der Gegenwartsmoment. Veränderungsprozesse in Psychoanalyse, Psychotherapie und Alltag* (3. Aufl.). Frankfurt/Main: Brandes & Apsel.

Stern, D.N., Bruschweiler-Stern, N., Lyons-Ruth, K., Morgan, A., Nahum, J.P. & Sander, L.W. (The Boston Change Process Study Group). (2012). *Veränderungsprozesse. Ein Integratives Paradigma.* Frankfurt/Main: Brandes & Apsel.

Stern, D.N., Sander, L.W., Nahum, J.P., Harrison, A.M., Lyons-Ruth, K., Morgan, A.C. et al. (2002). Nicht-deutende Mechanismen in der psychoanalytischen Therapie. Das „Etwas-mehr" als Deutung. *Psyche. Zeitschrift für Psychoanalyse, 56,* 974–1006.

Strauß, B. (2010). Behandlungseffekte: stationäre Behandlung. In V. Tschuschke (Hrsg.), *Gruppenpsychotherapie. Von der Indikation bis zu den Leitungstechniken* (S. 132–137). Stuttgart: Thieme.

Strauß, B. & Mattke, D. (2001). Stationäre Gruppenpsychotherapie. In V. Tschuschke (Hrsg.), *Praxis der Gruppenpsychotherapie* (S. 225–229). Stuttgart: Thieme.

Streeck, U. (1998). Persönlichkeitsstörungen und Interaktion. Zur stationären Psychotherapie von Patienten mit schweren Persönlichkeitsstörungen. *Psychotherapeut, 43,* 157–163. http://doi.org/10.1007/s002780050111

Streeck, U. (2013). Implizites Beziehungswissen. *Psychotherapeut, 58,* 143–151. http://doi.org/10.1007/s00278-013-0969-5

Strunk, G. & Schiepek, G. (2014). *Therapeutisches Chaos* (Systemische Praxis, Bd. 2). Göttingen: Hogrefe.

Stucki, C. & Grawe, K. (2007). Bedürfnis- und Motivorientierte Beziehungsgestaltung. Hinweise und Handlungsanweisungen für Therapeuten. *Psychotherapeut, 52,* 16–23. http://doi.org/10.1007/s00278-006-0507-9

Sturm, J., Plöderl, M., Fartacek, C., Kralovec, K., Neunhäuserer, D., Niederseer, D. et al. (2012). Physical exercise through mountain hiking in high-risk suicide patients. A randomized cross-over trial. *Acta Psychiatrica Scandinavica, 126,* 467–475. http://doi.org/10.1111/j.1600-0447.2012.01860.x

Tiedemann, J.L. (2008). Die intersubjektive Natur der Scham. *Forum der Psychoanalyse, 24,* 246–263. http://doi.org/10.1007/s00451-008-0354-0

Timulak, L. (2010). Significant events in psychotherapy: an update of research findings. *Psychology and Psychotherapy: Theory, Research, and Practice, 83,* 421–447. http://doi.org/10.1348/147608310X499404

Tominschek, I. & Schiepek, G. (2007): *Zwangsstörungen: Ein systemisch-integratives Behandlungskonzept.* Göttingen: Hogrefe.

Tritt, K., Heymann, F. von, Zaudig, M., Zacharias, I., Söllner, W. & Löw, T. (2007). *Die Entwicklung des Fragebogens ICD-10-Symptom-Rating (ISR). Kurzbeschreibung der Pilotversion 1.0 und der Version 2.0.* München: Institut für Qualitätsentwicklung in der Psychotherapie und Psychosomatik.

Tschuschke, V. (2001b). Gruppenpsychotherapie – Vergleich mit der Einzelpsychotherapie. In V. Tschuschke (Hrsg.), *Praxis der Gruppenpsychotherapie* (S. 8–11). Stuttgart: Thieme.

Tschuschke, V. (2001a). Wirkfaktoren in der Gruppenpsychotherapie. In V. Tschuschke, (Hrsg.), *Praxis der Gruppenpsychotherapie* (S. 140–147). Stuttgart: Thieme.

Waldl, R. (2005). J.L. Morenos Einfluss auf Martin Bubers Ich und Du. *Zeitschrift für Psychodrama und Soziometrie, 4,* 175–191. http://doi.org/10.1007/s11620-005-0082-z

Wampold, B.E. (2001). *The great psychotherapy debate. Models, methods, and findings.* Mahwah, NJ: Lawrence Erlbaum Associates.

Wampold, B.W. (2010). The research evidence for common factors models: a historically situated perspective. In B. Duncan, S. Miller, B. Wampold & M. Hubble (2010). (Eds.), *The heart and soul of change* (2nd ed., pp. 49–82). Washington, DC: American Psychological Association.

Wellendorf, F. (2000). Die Klinik als komplexes System gestörter Begegnungen. In W. Ruff (Hrsg.), *Heilsame Begegnungen. Netzwerke in der stationären Psychotherapie* (S. 57–68). Göttingen: Vandenhoeck & Ruprecht.

Weiss, J., Sampson, H. & the Mount Zion Psychotherapy Research Group (1986). *The psychoanalytic process: Theory, clinical observation, and empirical research.* New York: Guilford.

Winnicott, D.W. (1976). *Von der Kinderheilkunde zur Psychoanalyse.* München: Kindler.

Winnicott, D.W. (1991). Die Angst vor dem Zusammenbruch. *Psyche. Zeitschrift für Psychoanalyse, 45,* 1116–1126.

Wöller, W. (2006). Bindungstrauma und Persönlichkeitsstörung – Befunde aus Bindungsforschung und Neurobiologie und Konsequenzen für die Therapie. In K. Schreiber-Willnow & G. Hertel (Hrsg.), *Rhein-Klinik: Aufsätze aus dem Innenleben* (S. 157–171). Frankfurt/Main: VAS Verlag.

Žižek, S. (1991). *Liebe Dein Symptom wie Dich selbst! Jacques Lacans Psychoanalyse und die Medien.* Berlin: Merve Verlag.

Die Autoren sowie die Mitarbeiterinnen und Mitarbeiter des Bandes

PD Dr. med. Wolfgang Aichhorn, MBA, Leiter des Sonderauftrages, Facharzt für Psychiatrie und Psychotherapie, Psychotherapeut (Katathym Imaginative Psychotherapie), Lehrtherapeut der Salzburger Ärztekammer.

Markus Hochbrugger, Dipl. Psych. Gesundheits- und Krankenpfleger, Skills-Trainer.

Mag. Bettina Klinger, Klinische und Gesundheitspsychologin, Psychotherapeutin in Ausbildung unter Supervision (Verhaltenstherapie).

Dr. phil. Brigitte Kravanja, Klinische und Gesundheitspsychologin, Psychotherapeutin (Verhaltenstherapie), Skills-Trainerin.

Dr. phil. Helmut Kronberger, MSc, Klinischer und Gesundheitspsychologe, Psychotherapeut (Psychodrama, Dynamische Gruppenpsychotherapie), Lehrtherapeut und Lehrsupervisor für Psychodrama im ÖAGG.

H. Magdalena Müller, Dipl. Psych. Gesundheits- und Krankenschwester, leitende Stationsschwester, Psychotherapeutin (Psychodrama), Skills-Trainerin.

Mag. Susanne Neureiter-Penn, Klinische und Gesundheitspsychologin, Psychotherapeutin in Ausbildung unter Supervision (Psychodrama).

Alle Autorinnen und Autoren sind Mitarbeiter des Sonderauftrages für Stationäre Psychotherapie an der Universitätsklinik für Psychiatrie und Psychotherapie, Christian Doppler Klinik Salzburg, Universitätsklinikum der Paracelsus Medizinischen Privatuniversität. Die Klinischen Psychologinnen sind auch am Universitätsinstitut für Klinische Psychologie tätig.

Sachregister

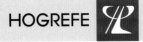